Adrienne Robillard
Dawn Sakamoto Paiva

# DAS *Aloha* GRILLBUCH

## 55 authentische Rezepte aus *Hawaii*

CHRISTIAN

Impressum

Verantwortlich: Susanne Caesar
Übersetzung aus dem Amerikanischen: Carmen Söntgerath
Umschlagadaption: Regina Degenkolbe
Korrektorat: Brigitte Mirche

Printed in Turkey
Elma Basim Yayin ve Iletisim Hizmetleri

* * * * *

Sind Sie mit diesem Titel zufrieden? Dann würden wir uns über Ihre Weiterempfehlung freuen. Erzählen Sie es im Freundeskreis, berichten Sie Ihrem Buchhändler oder bewerten Sie bei Onlinekauf. Und wenn Sie Kritik, Korrekturen, Aktualisierungen haben, freuen wir uns über Ihre Nachricht an:

Christian Verlag GmbH
Postfach 40 02 09
D-80702 München
oder per E-Mail an
lektorat@verlagshaus.de

Unser komplettes Programm finden Sie unter: www.christian-verlag.de



In diesem Buch wird aus Gründen der besseren Lesbarkeit das generische Maskulinum verwendet. Weibliche und anderweitige Geschlechteridentitäten werden dabei ausdrücklich mitgemeint, soweit es für die Aussage erforderlich ist.

Die Deutsche Nationalbibliothek verzeichnet diese Publikation in der Deutschen Nationalbibliografie; detaillierte bibliografische Daten sind im Internet über http://dnb.de abrufbar.



Die amerikanische Originalausgabe mit dem Titel The Ohana Cookbook erschien erstmals 2020 bei Ulysses Press, Berkeley, USA.
www.ulyssespress.com



ISBN 978-3-95961-788-8

*In liebevoller Erinnerung an meine Großmutter, Dora Gin, die gern Freunde und Familie in ihrer Küche begrüßte, wo sie großzügig Essen und Weisheiten verteilte. Sie hatte immer ein offenes Ohr. Ich bin sehr traurig, dass ich sie nicht mehr anrufen kann, und vermisse ihr fröhliches Hallo! Und für meine Mutter, Lily Robillard, die mir beibrachte, dass Ketchup nicht nur zu Hotdogs passt.*

—Adrienne Robillard

*Ich danke meinem Mann Derek und meiner Mutter Janet für ihre grenzenlose Geduld und ihre guten Ratschläge – nicht nur, was dieses Buch angeht, sondern in meinem ganzen Leben. Und meinem Vater Boyde danke ich dafür, dass er sich mit Kritik zurückgehalten hat, als ich den Kühlschrank immer wieder mit Grillzutaten und Resten vollgestopft habe.*

—Dawn Sakamoto Paiva

# INHALT

# EINLEITUNG

In dem Sommer, als ich mit dem College fertig war, beim Campen mit meinem Freund (meinem jetzigen Ehemann) in Kahana Bay an der Nordküste von O'ahu, habe ich zum ersten Mal gegrillt. Es war nichts Besonderes, denn unser Geld reichte gerade für Holzkohle, Streichhölzer, kaltes Bier, Chips und Hotdogs. Mehr brauchten wir aber auch gar nicht, ausgenommen Ketchup, den wir in einem geborgten Weinkühler verstaut hatten.

Ich bin in Kailua aufgewachsen, auf der dem Wind zugewandten Seite von O'ahu. Als ich in der vierten Klasse war, gewann meine Mutter an der örtlichen Union-'76-Tankstelle einen Nissan Sentra. Sie tankte immer dort, auf dem Weg zum Berufskolleg, wo sie Betriebswirtschaft unterrichtete, wenn sie nicht gerade mich und meinen Bruder zum Fußballtraining, Hula-Tanz, Kinderchor oder Kunstunterricht brachte. Als alleinerziehende Mutter hatte sie meist nicht viel Zeit und kaufte Huli Huli Chicken, die typisch hawaiianischen Hähnchenspieße, frisch vom Grill an irgendeinem Straßenstand. Zu Hause wurde noch schnell Reis aufgesetzt und Brokkoli gedämpft, und schon war das Essen fertig. Ein lieber Nachbar, der noch heute unser Freund ist, pflanzte Bananenstauden in unserem Garten, und zusammen mit den Wasseräpfeln, Mangos und Guaven, die auch dort wuchsen, hatten wir immer frische Snacks zur Hand.

Obwohl ich viele Jahre auf dem Festland gelebt habe, war Hawaii immer meine Heimat, der einzige Ort, an dem ich jemals Spam-Musubi und Sushi-Rollen im 7-Eleven kaufen würde. Als mein Schulfreund und seine Frau Mieter suchten für ihr Haus in Kailua, direkt neben meiner ehemaligen Grundschule und in der Nähe des Hauses gelegen, in dem meine Mutter freitagabends Mahi-Mahi für uns zubereitet hatte, als wir noch klein waren, nahm ich das als Zeichen, und 2017 zogen wir zurück nach Hawaii.

Seit unserer ersten Grillsession in Kahana Bay haben mein Mann und ich auf einem klassischen Smokey Joe gegrillt, auf einer Reihe von Weber-Go-Anywhere-Grills, die wir zum Campen durch Kalifornien mitnahmen, und auf Gasgrills im Garten. Und auch wenn wir heute ein größeres Budget haben und mehr Mäuler zu stopfen – Hotdogs grillen wir immer noch gern!

Und welchen Grill auch immer Sie bevorzugen: mit dieser Sammlung handverlesener traditioneller Rezepte können Sie den Geschmack Hawaiis zu Hause erleben.

## Der richtige Grill

In Hawaii können wir so gut wie jeden Tag grillen, zu jeder Jahreszeit. Wegwerfgrills, die man mit an den Strand oder in den Park nimmt, gibt es in jedem Supermarkt. Und auch das Angebot an fertig vorbereiteten Spießen ist groß: Rindfleisch, Huhn, Schwein, Garnelen, Gemüse, Fisch. Ich grille meistens mit Gas, aber für die Rezepte in diesem Buch eignet sich ein Holzkohlengrill genauso und sogar eine Grillpfanne auf dem Herd, nur die Garzeiten müssen Sie vielleicht anpassen.

In unserer hektischen Welt kann das Grillen die Planung von Mahlzeiten vereinfachen. Meistens gibt es weniger abzuwaschen als beim Kochen auf dem Herd, weil weniger Töpfe und Pfannen im Spiel sind. So bleibt mehr Zeit, um miteinander ins Gespräch zu kommen, sich zu entspannen und den Duft der Speisen zu genießen, die auf dem Rost brutzeln. Alles, was Sie tun müssen, ist den Grill anzuheizen.

## Bevor es losgeht

Ein sauberer Grill ist wichtig – nicht nur für den Geschmack, auch für die Sicherheit. Überprüfen Sie den Fettablauf und reinigen Sie ihn, falls nötig. Wenn Ihr Grill zum Auffangen des Fetts Aluschalen verwendet, sollten Sie davon einige auf Vorrat haben, um sie bei Bedarf zu ersetzen.

Den Grill zunächst auf hohe Temperatur vorheizen und 10 Minuten brennen lassen, dann den Rost mit einer Edelstahlbürste abreiben. Alles sorgfältig entfernen, was vom letzten Grillen noch an den Stäben klebt. Den Rost anschließend mit hoch erhitzbarem Öl (etwa Rapsöl) einfetten. Dazu etwas Öl in ein Gefäß gießen und ein gefaltetes Küchenpapier hineintauchen. Es soll nur so viel Öl aufnehmen, dass es nicht tropft.

Mit Hilfe einer Küchenzange den Grillrost mit dem öligen Papier abreiben. So bleibt später beim Grillen nichts kleben.

## Das richtige Werkzeug

Ganz wichtig ist eine Grillzange, um Lebensmittel auf den Rost zu legen und herunterzunehmen. Ein Spatel sollte ebenfalls zur Hand sein.

Platten aus unzerbrechlichem Material wie Kunststoff sind bei der Vorbereitung und beim Servieren nützlich. Ich besitze zwei und könnte gut noch drei weitere gebrauchen.

Sie brauchen eine Edelstahlbürste, um den Grillrost zu reinigen. Und Sie brauchen einen Pinsel, um das Grillgut auf dem Rost mit Marinade einzupinseln.

Für manche Rezepte werden Spieße gebraucht. Ich empfehle Metallspieße; Holz- oder Bambusspieße müssen vor der Verwendung mindestens 30 Minuten lang in Wasser gelegt werden, damit sie nicht verbrennen.

## Lernen Sie Ihren Grill kennen

Jeder Grill ist anders, und man muss herausfinden, wo die heißesten Stellen auf dem Rost sind, wie lange es dauert, bis das Fleisch gar ist, und welche Bereiche nicht so heiß werden. Lesen Sie die Bedienungsanleitung Ihres Grills – wenn Sie keine gedruckte finden, schauen Sie im Internet nach. Viele Grillhersteller haben Websites für ihre Produkte.

## Marinieren

Die Marinade muss mindestens 30 Minuten einwirken, aber nie länger als über Nacht. Sie enthält Säure, die das Fleisch zart macht, aber über einen längeren Zeitraum zu seiner Zersetzung führen kann.

## Allergien und besondere Ernährungsformen

Die Zahl der Lebensmittelallergien nimmt zu, deshalb kann es notwendig sein, einige der in diesem Buch verwendeten Zutaten zu ersetzen. Obwohl Sesamöl einen ausgeprägten Eigengeschmack hat, kann es immer durch Pflanzenöl ersetzt werden. Sesamsamen sind stets optional. Sojasauce kann Gluten enthalten, deshalb bei Bedarf das Etikett prüfen, um sicher zu sein. Fischsauce können Sie weglassen, falls erforderlich.

## Vorräte

Es ist praktisch, ein paar Dinge auf Vorrat zu haben. Wenn mir eine Zutat fehlt, frage ich auch gern bei meinen Nachbarn nach. Die Unterhaltung dauert dann meist länger als die Fahrt in den Supermarkt, aber die Zeit, die wir miteinander verbringen, ist es wert. Sonst hätte ich zum Beispiel niemals herausgefunden, dass meine Nachbarin eine Menge Guaven im Garten hat, die mir bei der Produktion dieses Buches wie gerufen kamen.

- Ananassaft (ungesüßt)
- Apfelessig
- Austernsauce
- Branntweinessig
- Brauner Zucker
- Cayennepfeffer

- Chili-Öl
- Chilipulver
- Currypulver
- Fischsauce
- Fünf-Gewürze-Pulver
- Furikake (japanische Gewürzmischung)
- Gemahlener Ingwer
- Hawaii-Salz (oder grobes Meersalz)
- Hoisinsauce
- Honig
- Ingwer (frisch)
- Ketchup
- Knoblauch (frisch)
- Knoblauchpulver
- Knoblauchsalz
- Kokosmilch in Dosen
- Lorbeerblätter
- Maissirup
- Mayonnaise
- Miso
- Olivenöl
- Paprikapulver
- Reis (Calrose- oder Sushi-Reis)
- Reisessig
- Reiswein (Mirin)
- Rotweinessig
- Salz
- Schwarze Pfefferkörner
- Schwarze-Bohnen-Sauce
- Senfpulver
- Sesamöl
- Sesamsamen
- Shoyu (japanische Sojasauce)
- Spam (Frühstücksfleisch in der Dose)
- Speisestärke
- Sriracha (scharfe Chilisauce)
- Zucker

## Glossar

**ADOBO**—Philippinisches Schmorgericht mit Essig; es wird traditionell mit Hühnchen oder Schweinefleisch zubereitet.

**BAO**—Gedämpfte chinesische Weizenbrötchen, oft mit Hackfleisch oder Bohnenpaste gefüllt.

**CHAR SIU**—Barbecue auf kantonesische Art, mit süß-salzigem Geschmack.

**KAMABOKO**—Japanische gedämpfte Fischkuchen; für die Rezepte in diesem Buch verwende ich die einfache rosa (oder rote) und weiße Version, die entweder in halbrunder Form auf einem Holzbrettchen oder in zylindrischen Stäbchen angeboten wird. Okuhara und Amano sind auf Hawaii beliebte Marken. Ersetzen Sie Kamaboko nicht durch Surimi: Geschmack und Konsistenz sind völlig anders.

**KIMCHI**—Ein traditionelles koreanisches Gericht aus fermentiertem Chinakohl oder Daikon-Rettich, mit Chilipaste, Knoblauch, Ingwer, Zucker, Garnelenpaste und Fischsauce gewürzt; für Vegetarier kann man die letzten beiden Zutaten auch weglassen.

**KIMCHI-WÜRZPASTE**—Auch unter der Bezeichnung Kimchi-Basis im Asia-Shop zu finden; mit dieser Paste kann man Kimchi zu Hause selbst herstellen, sie eignet sich zudem hervorragend, um allen möglichen Gerichten etwas mehr Schärfe und Knoblauch mitzugeben.

**LI HING MUI**—Gesalzene und getrocknete Pflaumen mit charakteristischem Eigengeschmack. In pulverisierter Form genutzt, um etwa Apfelscheiben, Gummibärchen oder, wie in diesem Buch, gegrillte Ananas zu aromatisieren.

**MAUI/'EWA SWEET ONIONS**—Diese kleinen süßen Zwiebeln werden auf Maui und O'ahu angebaut und vor allem vor Ort verkauft. Als Ersatz eignen sich milde gelbe Zwiebeln.

**'OHANA**—Das hawaiianische Wort bedeutet »Familie« in einem sehr umfassenden Sinn, der auch Freunde und Nachbarn mit einschließt.

**'ONO**—Hawaiianisch für »köstlich«.

**PŪLEHU**—Hawaiianisch für »grillen«, »rösten«.

**PUPU**—Hawaiianisch für »Häppchen«.

**SAIMIN**—Typisch hawaiianische Fertig-Nudelsuppe, die Anleihen bei verschiedenen Kulturen macht; die Nudeln sind vielseitig verwendbar und bereichern auch zahlreiche andere Gerichte. Man kann sie frisch (ungekocht) oder tiefgekühlt (vorgekocht) kaufen, in der Regel zusammen mit einer Packung Suppen-Basis.

**SHISO**—Eine Verwandte der Minze, auch unter dem Namen Perilla bekannt. Die Blätter können grün oder rot sein und etwa so groß wie eine Handfläche. Man bekommt sie frisch im Bund im Asia-Shop.

**SHOYU**—Japanische Sojasauce.

**WOK-ÖL**—Hoch erhitzbares Öl mit Ingwer- und Knoblaucharoma; verleiht vielen Gerichten ein gewisses *'ono*.

# HUHN

# ANANAS-HÄHNCHEN

1 Dose Ananasscheiben im eigenen Saft (500 g)

240 ml Barbecuesauce

60 ml salzarme Shoyu (japanische Sojasauce)

2 TL Sesamöl

2 TL gehackter Knoblauch

2 TL gehackter Ingwer

2 EL Olivenöl

1 kg Hähnchenbrust und -keulen ohne Haut und Knochen

4 EL gehackte Frühlingszwiebeln (nach Belieben)

❀

Vorbereiten: 25 Minuten
Marinieren: 2 Stunden
Grillen: 15 Minuten
Für: 4–6 Personen

Hier können Sie Ihre Lieblings-Barbecuesauce verwenden, außerdem ist Ananas im Spiel. Geben Sie dem Fleisch 2 Stunden Zeit zum Marinieren, und am Ende lecken sich alle die Finger nach diesem köstlich-klebrigen Huhn.

1. Die Ananasscheiben abtropfen lassen und 120 ml Saft aus der Dose abmessen.
2. Die Barbecuesauce in einer kleinen Schüssel mit dem abgemessenen Ananassaft, der Sojasauce, dem Sesamöl, dem Knoblauch und dem Ingwer verrühren.
3. Die abgetropften Ananasscheiben von beiden Seiten mit dem Olivenöl einpinseln. Beiseitestellen.
4. Von der Marinade 120 ml beiseitestellen. Das Fleisch in einen großen Zip-Beutel geben und die restliche Marinade hinzufügen. Den Beutel verschließen und alles gut vermischen. Für 2 Stunden in den Kühlschrank legen.
5. Den gesäuberten und eingeölten Grill auf mittlere Temperatur vorheizen.
6. Die Fleischstücke aus der Marinade nehmen und auf den Rost legen; restliche Marinade im Beutel entsorgen.
7. Die Fleischstücke 5–7 Minuten grillen, dann wenden und mit der beiseitegestellten Marinade bestreichen. Weitere 2–3 Minuten grillen, bis das Fleisch durchgegart ist.
8. Nach dem Wenden der Fleischstücke die Ananasscheiben mit auf den Grill legen und von jeder Seite 2 Minuten garen, bis sie gebräunt sind.
9. Fleischstücke und Ananas zum Servieren auf eine Platte geben und nach Belieben mit den Frühlingszwiebeln bestreuen.

# BUNTE BBQ-SPIESSE

**FÜR DIE MARINADE**

80 ml Ketchup

80 ml salzreduzierte Shoyu (japanische Sojasauce)

65 g brauner Zucker

60 ml Ananassaft aus der Dose

4 EL Olivenöl

1 EL Reisessig

½ TL Sesamöl

1 EL gehackter Ingwer

4 Knoblauchzehen, gehackt

Salz und frisch gemahlener schwarzer Pfeffer

**FÜR DIE SPIESSE**

1 kg Hähnchenbrustfilet, 3 cm groß gewürfelt

1 Ananas, geschält und gewürfelt

1 große rote Paprikaschote, in 3 cm große Stücke geschnitten

1 große grüne Paprikaschote, in 3 cm große Stücke geschnitten

1 große rote Zwiebel, in 3 cm große Stücke geschnitten

Salz und frisch gemahlener schwarzer Pfeffer

Grillspieße (Holzspieße vor dem Gebrauch 30 Minuten wässern)

Vorbereiten: 25 Minuten
Marinieren: 1 Stunde
Grillen: 10 Minuten
Ergibt: 8–10 Spieße

Nach einem Rezept von CookingClassy.com. Mit ihrer leichten Süße und der dezenten Schärfe gehören diese Spieße bestimmt bald zu Ihren Favoriten. Rote Zwiebeln und bunte Paprikaschoten bringen Farbe ins Spiel, und das Ergebnis schmeckt genauso gut wie es aussieht.

1. Für die Marinade den Ketchup in einer Schüssel mit der Sojasauce, dem braunen Zucker, dem Ananassaft, 2 EL Olivenöl, dem Reisessig, dem Sesamöl, dem Ingwer und dem Knoblauch verrühren. Mit Salz und Pfeffer würzen. 120 ml der Marinade in den Kühlschrank stellen.
2. Das Fleisch in einen großen Zip-Beutel geben und die restliche Marinade hinzufügen. Den Beutel verschließen, dabei die Luft herausdrücken. Für 1 Stunde in den Kühlschrank legen.
3. Den gesäuberten und eingeölten Grill auf mittlere Temperatur vorheizen.
4. Die Ananas, die Paprika und die Zwiebel in eine große Schüssel geben, mit dem restlichen Olivenöl beträufeln und mit Salz und Pfeffer würzen.
5. Die Zutaten abwechselnd auf Spieße stecken, bis das gesamte Fleisch verbraucht ist.
6. Die Spieße auf den Grillrost legen und bei geschlossenem Deckel 5 Minuten grillen.
7. Die Spieße mit der restlichen Marinade bestreichen, wenden, noch einmal mit Marinade bestreichen und weitere 4 Minuten grillen, bis das Fleisch durchgegart ist.

# HÄHNCHENKEULEN MIT MISO

Dieses Rezept basiert auf dem Miso-Hühnchen aus dem beliebten Kochbuch *Local-Style Favorites* von Hari Kojima, das leider vergriffen ist. Kojima präsentierte von 1996 bis 1998 die Fernsehsendung *Hari's Kitchen*, von 1981 bis 1998 war er Co-Moderator der Serie *Let's Go Fishing Hawai'i*. Und ob man gern zum Angeln ging oder nicht – diese Sendung hat damals jeder hier gesehen.

**340 g helles Miso**

**2 EL Branntweinessig**

**3 EL Zucker**

**2 EL salzarme Shoyu (japanische Sojasauce)**

**½ TL Sesamöl**

**1,5–2 kg Hähnchenoberschenkel (oder eine Mischung aus Hähnchenflügeln und -oberschenkeln)**

**2 EL Frühlingszwiebelröllchen, zum Bestreuen**

Vorbereiten: 20 Minuten
Marinieren: 2 Stunden
Grillen: 8–12 Minuten
Für: 4 Personen

1. Das Miso in einer großen Schüssel mit dem Essig, dem Zucker, der Sojasauce und dem Sesamöl zu einer Marinade verrühren.
2. Das Fleisch hineingeben und alles gründlich vermengen.
3. Zudecken und mindestens 2 Stunden im Kühlschrank marinieren.
4. Den gesäuberten und eingeölten Grill auf mittlere bis hohe Temperatur vorheizen.
5. Das Fleisch aus der Marinade nehmen, auf den Grillrost legen und den Deckel schließen. Restliche Marinade entsorgen.
6. Das Fleisch von jeder Seite 4–6 Minuten grillen, bis es durchgegart ist.
7. Zum Servieren auf eine Platte geben und mit den Frühlingszwiebeln bestreuen.

# GEGRILLTES CURRYHUHN

Ein Rezept von meiner Schauspiellehrerin Deborah (Debby) Kermode, die in Kailua viele Jahre unterrichtete und mit einer Gruppe kichernder Kinder *Eine Weihnachtsgeschichte* und *Der Zauberer von Oz* auf die Bühne brachte. Debbys Curryhuhn erschien in dem Buch *Island Flavors. Favorite Recipes of the Historic Hawai'i Foundation.* Es schmeckt köstlich mit Marinade beträufelt auf einem Bett aus gedämpftem Reis oder geraspeltem Rotkohl und Karotten.

120 ml Branntweinessig

100 g Butter, zerlassen

2 EL A.1. Sauce (Würzsauce)

2 EL Currypulver

1 EL Senfpulver

1 TL Knoblauchsalz

3–4 Hähnchenbrustfilets (675–900 g), halbiert, falls sie mehr als 150 g wiegen

Vorbereiten: 10 Minuten
Marinieren: 30–60 Minuten
Grillen: 10–14 Minuten
Für: 3–4 Personen als Hauptgericht (1 Hähnchenbrustfilet pro Person)

1. Den Branntweinessig mit der zerlassenen Butter, der A.1.Sauce und den Gewürzen zu einer Marinade verrühren. 60 ml Marinade zum Bestreichen beiseitestellen.
2. Das Fleisch in einen Zip-Beutel geben, die übrige Marinade hinzufügen. Den Beutel verschließen und alles gut vermischen. Das Fleisch im Kühlschrank 30–60 Minuten marinieren.
3. Den gesäuberten und eingeölten Grill auf mittlere Temperatur vorheizen.
4. Das Fleisch von jeder Seite 5–7 Minuten grillen, bis es durchgegart ist. Größere Stücke brauchen etwas länger. Während des Grillens mit der beiseitegestellten Marinade bestreichen oder das fertige Fleisch vor dem Servieren damit beträufeln.

# TERIYAKI-HÄHNCHENSPIESSE

1 EL Speisestärke

2 EL Honig

60 ml Shoyu (japanische Sojasauce)

½ TL gemahlener Ingwer

50 g brauner Zucker

½ TL Knoblauchpulver

675 g Hähnchenbrustfilet, in 2,5 cm große Stücke geschnitten

1 EL Sesamsamen, zum Bestreuen

2 EL Frühlingszwiebelröllchen, zum Bestreuen

Grillspieße (Holzspieße vor dem Gebrauch 30 Minuten wässern)

Vorbereiten: 30 Minuten
Marinieren: 30 Minuten bis 1 Nacht
Grillen: 6–8 Minuten
Für: 4 Personen

Wenn Sie nur eine Stunde haben, um etwas Gutes für das Abendessen an den Start zu bringen, sind Sie hier richtig. Die Spieße basieren auf einem Rezept von DamnDelicious.net. Dazu eine Portion gedämpfter Reis und alles ist gut.

1. Die Speisestärke in einer kleinen Schüssel mit 60 ml Wasser glatt rühren. In einem kleinen Topf den Honig mit der Sojasauce, dem Ingwer, dem braunen Zucker, dem Knoblauchpulver sowie 240 ml Wasser zum Köcheln bringen. Die aufgelöste Speisestärke dazugeben und etwa 2 Minuten rühren, bis die Mischung die Rückseite des Kochlöffels überzieht. Die Marinade auf Zimmertemperatur abkühlen lassen.
2. Das Fleisch in einen großen Zip-Beutel (oder in eine Schüssel) geben und mit der Marinade vermischen. Den Beutel verschließen, dabei die Luft herausdrücken. Für mindestens 30 Minuten oder über Nacht in den Kühlschrank legen.
3. Den gesäuberten und eingeölten Grill auf mittlere bis hohe Temperatur vorheizen.
4. Die Fleischstücke auf Spieße stecken.
5. Die Spieße 3–4 Minuten von jeder Seite grillen.
6. Zum Servieren auf eine Platte geben und mit dem Sesam und den Frühlingszwiebeln bestreuen.

# GUAVEN-HÄHNCHEN

240 ml Shoyu (japanische Sojasauce)

60 ml Austernsauce

480–720 ml Guavenpüree (oder Guavennektar)

200 g Zucker (falls Guavenpüree verwendet wird)

1 Stück frischer Ingwer (5 cm), zerdrückt

2 Knoblauchzehen, zerdrückt

6 Hähnchenoberschenkel ohne Haut und Knochen

2 EL Speisestärke

Vorbereiten: 45 Minuten
Marinieren: 1 Stunde
Grillen: 8–10 Minuten
Für: 4 Personen

Guaven sind auf Hawaii nicht heimisch, sie wurden erst im 19. Jahrhundert auf die Inseln gebracht. Inzwischen sind sie die häufigsten wildwachsenden Früchte hier. Man freut sich darüber beim Wandern, zieht sie hinter dem Haus und verwendet sie in vielen Speisen und Getränken. Wenn Sie keine frischen Guaven finden, halten Sie im Asia-Shop Ausschau nach tiefgekühltem Guavenpüree.

1. Die Sojasauce in einer Schüssel mit der Austernsauce, dem Guavenpüree und dem Zucker verrühren, bis er sich aufgelöst hat. (Wenn Sie Guavennektar verwenden, ist kein zusätzlicher Zucker erforderlich.) Den Ingwer und den Knoblauch unterrühren. 480 ml der Marinade für die Glasur beiseitestellen.
2. Das Fleisch in einen großen Zip-Beutel geben. Die restliche Marinade dazugießen, den Beutel verschließen und alles gut vermischen. Das Fleisch im Kühlschrank mindestens 1 Stunde marinieren.
3. Für die Glasur die beiseitegestellten 480 ml Marinade in einen Topf geben. Die Speisestärke und 120 ml Wasser unterrühren und das Ganze köcheln lassen, bis die gewünschte Konsistenz erreicht ist. Je länger man sie köcheln lässt, umso dicker wird die Glasur.
4. Den gesäuberten und eingeölten Grill auf mittlere Temperatur vorheizen.
5. Das Fleisch von jeder Seite 4–5 Minuten grillen, bis es durchgegart ist.
6. Das Fleisch auf eine Servierplatte geben und mit der Glasur bestreichen. Am besten schmeckt dazu ein Nudelsalat (siehe Seite 108).

# GARNELEN

# GARNELENSPIESSE MIT ‘ONO-DIP

500 g Riesengarnelen, bis auf die Schwanzflosse geschält und vom Darm befreit

1 Dose Kokosmilch (400 ml)

¾ TL Paprikapulver

1 EL gehackter Knoblauch

1 Serrano- oder Jalapeño-Chilischote, fein gewürfelt

abgeriebene Schale von 1 Bio-Limette

80 ml Pflanzenöl

Salz und frisch gemahlener schwarzer Pfeffer

Grillspieße (Holzspieße vor dem Gebrauch 30 Minuten wässern)

❀

Vorbereiten: 15 Minuten
Marinieren: 4 Stunden oder über Nacht
Grillen: 3–4 Minuten
Für: 4 Personen als Hauptgericht, als Häppchen für mehr

Egal, ob Sie die Spieße als Hauptgericht servieren oder als *pupus*, wie bei uns die Häppchen heißen: die Hauptrolle spielt hier der Dip. Während der Grill heiß wird, haben Sie Zeit für die Zubereitung. Die Inspiration für das Rezept verdanke ich dem Kochbuch *Best of the Best from Hawai'i von* Gwen McKee und Barbara Moseley.

1. Die Garnelen in einen großen Zip-Beutel geben.
2. Die Kokosmilch schütteln, dann in eine große Schüssel gießen. Das Paprikapulver, den Knoblauch, die Chiliwürfel und die abgeriebene Limettenschale dazugeben und alles zu einer Marinade verrühren.
3. Die Garnelen mit der Marinade übergießen. Den Beutel verschließen, dabei die Luft herausdrücken, dann alles gut vermischen. Die Garnelen im Kühlschrank mindestens 4 Stunden oder über Nacht marinieren.
4. Den gesäuberten und eingeölten Grill auf mittlere Temperatur vorheizen.
5. Die Garnelen aus der Marinade nehmen, mit Salz und Pfeffer nach Geschmack würzen, dann in dem Pflanzenöl wenden. Die Garnelen auf Spieße stecken. Die Spieße mit etwas Abstand auf dem Grill verteilen und den Deckel schließen.
6. Die Garnelen von jeder Seite 1½–2 Minuten grillen, bis sie sich rosa färben. Dabei gut achtgeben, dass sie nicht zu lange garen. Man kann die Garnelen auf den Spießen servieren oder herunternehmen, dazu passt der ‘Ono-Dip.

## ‘ONO-DIP

1. Den Wein mit dem Zucker in einem Topf zum Kochen bringen. Dann bei reduzierter Hitze unter Rühren kochen lassen, bis er sirupartig eindickt. Zum Abkühlen beiseitestellen.
2. Das Mangopüree und den Limettensaft in den Mixer geben. Den Sirup hinzufügen und alles durchmixen. Von Hand die Paprikawürfel unterrühren und die Sauce in eine Servierschale umfüllen.

240 ml Rotwein (oder Sherry)

100 g Zucker

½–1 reife Mango, püriert (oder 240 ml tiefgekühltes Mangopüree)

Saft von 1 Limette

½ rote Paprikaschote, gewürfelt

½ grüne Paprikaschote, gewürfelt

# GARNELEN AUS DER FOLIE

3 EL gehackter Knoblauch

1 TL gehackter Ingwer

60 ml Weißwein

55 g weiche Butter

2 EL gehackte glatte Petersilie

Salz und frisch gemahlener schwarzer Pfeffer

Zitronensaft nach Geschmack

500 g Garnelen, bis auf die Schwanzflosse geschält, vom Darm befreit und längs eingeschnitten

2 Ti-Blätter (Cordyline fruticosa; oder Bananenblätter)

Zitronenspalten, zum Servieren (nach Belieben)

❀

Vorbereiten: 15 Minuten
Marinieren: 1 Stunde
Grillen: 5–10 Minuten
Für: 2 Personen als Hauptgericht, für 4 als Beilage

Hier hat ein Rezept von Russel Siu aus dem *The Hawai'i Tailgate Cookbook* Pate gestanden. Wer keine Ti-Blätter bekommt, kann auch Bananenblätter verwenden oder einfach nur die Folie benutzen. Genießen Sie den Duft, der dem Päckchen entströmt, eine perfekte Mischung aus Knoblauch, Butter und Gewürzen!

1. Die ersten sieben Zutaten in einer großen Schüssel zu einer Marinade verrühren. Die Garnelen dazugeben und zugedeckt im Kühlschrank 1 Stunde marinieren.
2. Den gesäuberten und eingeölten Grill auf mittlere Temperatur vorheizen.
3. Auf einem Backblech einen langen Streifen Alufolie quer auslegen – besser ein bisschen mehr nehmen als zu wenig.
4. Von den Ti-Blättern den dicken Stängel entfernen, sodass sie sich besser biegen lassen. Die Blätter quer auf die Folie legen. (Wer keine Ti- oder Bananenblätter bekommt, verwendet einfach nur die Folie.)
5. Die Garnelen auf den Blättern verteilen und mit der restlichen Marinade aus der Schüssel übergießen.
6. Die Garnelen in die Blätter einschlagen, dann die Alufolie verschließen, sodass ein Päckchen entsteht.
7. Das Päckchen für 5–10 Minuten auf den Grill legen. Die fertigen Garnelen färben sich rosa. Nicht zu lange garen.
8. Wer mag, serviert die Garnelen mit Zitronenspalten.

# SCHARFE MISO-GARNELEN

Mark Bittman ist für die Reihe *How to Cook Everything* bekannt, dazu gehört auch der Band *How to Grill Everything*. Dieses Rezept basiert auf seinen Garnelen mit scharfer Miso-Glasur. Wenn Sie es zubereiten wollen, brauchen Sie mindestens Jumbo-Garnelen. Und danach gibt es nichts mehr ohne Miso. Das geht in Ordnung. Die Garnelen werden auf dem Grill stellenweise ziemlich dunkel, was einen schönen Kontrast zu ihrem rosa Fleisch ergibt.

**120 ml Mirin**

**1 EL Sriracha-Sauce**

**120 ml weißes oder rotes Miso**

**900 g Riesengarnelen, bis auf die Schwanzflosse geschält, vom Darm befreit und längs eingeschnitten**

**2 EL Frühlingszwiebelröllchen, zum Bestreuen**

❀

Vorbereiten: 25 Minuten
Grillen: 4–10 Minuten
Für: 4 Personen

1. Den gesäuberten und eingeölten Grill auf mittlere Temperatur vorheizen. Den Mirin in einer kleinen Schüssel mit der Sriracha-Sauce und dem Miso zu einer Glasur verrühren.
2. Die Garnelen nebeneinander auf einem Backblech mit Rand verteilen.
3. Die Garnelen von beiden Seiten mit der Glasur bestreichen.
4. Die Garnelen nacheinander auf den Grill legen und über direkter Hitze garen. Mit der Grillzange flach drücken.
5. Den Deckel schließen und die Garnelen 2–5 Minuten von jeder Seite grillen, bis die Glasur gut gebräunt ist.
6. Die Garnelen zum Servieren auf eine Platte geben und mit den Frühlingszwiebeln bestreuen.

# KNOBLAUCH-GARNELEN

An der Nordküste von O'ahu gibt es eine Menge Food-Trucks, die Garlic Shrimps verkaufen; dort werden sie gebraten und mit Reis und Nudelsalat serviert. Wir wollen sie hier natürlich grillen. Sie können Garnelen mit oder ohne Kopf verwenden, vom Darm befreit oder nicht, und je nachdem, wer am Tisch sitzt, kann das Ergebnis scharf oder mild ausfallen. Meine Mutter mag keine Chilis, aber Knoblauch liebt die ganze Familie.

900 g Garnelen, bis auf die Schwanzflosse geschält, nach Belieben vom Darm befreit

3 TL gehackter Knoblauch

120 ml Olivenöl

½ TL Chiliflocken (nach Belieben)

1 TL Hawaii-Salz (oder grobes Meersalz)

Zitronenspalten, zum Servieren (nach Belieben)

Grillspieße (Holzspieße vor dem Gebrauch 30 Minuten wässern)

Vorbereiten: 15 Minuten
Grillen: 2–5 Minuten
Für: 4 Personen

1. Den gesäuberten und eingeölten Grill auf mittlere bis hohe Temperatur vorheizen.
2. Die Garnelen in eine große Schüssel geben. In einer kleinen Schüssel den Knoblauch mit dem Olivenöl und falls gewünscht den Chiliflocken zu einer Marinade verrühren.
3. Die Garnelen mit der Marinade übergießen und alles gut vermischen. Mit dem Salz bestreuen.
4. Die Garnelen auf Spieße stecken, dabei den Spieß nahe am Schwanzende und nahe am Kopfende einstechen, sodass die Garnelen sich krümmen.
5. Die Spieße auf den Grill legen und den Deckel schließen. Bei mittlerer bis geringer Temperatur 1–2 Minuten von jeder Seite grillen, bis die Garnelen rosa sind. Die Schwanzflossen dürfen dabei ruhig ein bisschen anbrennen. Kleine Garnelen sind schneller gar. Im Zweifel lieber etwas zu früh vom Grill nehmen, damit sie saftig bleiben.
6. Die Garnelen auf eine Platte geben und mit den Zitronenspalten servieren.

# CURRY-KOKOS-GARNELEN

120 ml Kokosmilch

1 EL Currypulver

Saft von 1 großen Limette

2 Knoblauchzehen, in Scheiben geschnitten

900 g Riesengarnelen, mit Ausnahme der Schwanzflosse geschält, vom Darm befreit

1 Ananas, gewürfelt

Limettenspalten

Grillspieße (Holzspieße vor dem Gebrauch 30 Minuten wässern)

Vorbereiten: 40 Minuten
Marinieren: 1 Stunde
Grillen: 10–14 Minuten
Für: 4 Personen

Ich bin verrückt nach Curry. Das Marinieren bringt sein Aroma voll zur Geltung, ohne dass die Garnelen von einer dicken Sauce überdeckt werden. Auch dieses Rezept verdanke ich Mark Bittmans inspirierendem Buch *How to Grill Everything*.

1. Die Kokosmilch in einer großen Schüssel mit dem Currypulver, dem Limettensaft und dem Knoblauch zu einer Marinade verrühren.
2. Die Garnelen hineingeben und alles gut vermengen. Zugedeckt im Kühlschrank 1 Stunde marinieren.
3. Den gesäuberten und eingeölten Grill auf mittlere bis hohe Temperatur vorheizen.
4. Die Garnelen aus der Marinade nehmen und abwechselnd mit den Ananasstücken auf Spieße stecken.
5. Die Spieße auf den Grill legen. Den Deckel schließen und die Spieße über direkter Hitze von jeder Seite etwa 5–7 Minuten grillen.
6. Mit Limettenspalten zum Auspressen servieren.

# FISCH

# GEGRILLTER MAHI-MAHI

2 EL Limettensaft

80 ml Olivenöl

3 EL gehackter Koriander, plus mehr zum Garnieren

½ TL frisch gemahlener schwarzer Pfeffer

4 Mahi-Mahi-Filets (Goldmakrele; à 225 g)

**SCHARFE SAUCE**

60 ml Reisessig

1 TL geriebener Ingwer

60 ml Shoyu (japanische Sojasauce)

2 TL Dijonsenf

60 ml Sesamöl

60 ml Erdnussöl

1–2 TL scharfes Chili-Öl (nach Belieben)

1 EL geröstete Sesamsamen

Vorbereiten: 10 Minuten
Marinieren: 1–2 Stunden
Grillen: 6–8 Minuten
Für: 4 Personen

Mahi-Mahi, die Goldmakrele, hat eine schöne feste Konsistenz und zerfällt nicht auf dem Grill. Als ich klein war, gab es diesen Fisch bei uns zu Hause zu besonderen Gelegenheiten. Die Zubereitung ist inspiriert von einem Rezept in Ben Wongs *Let's Go Fishing Cookbook*, das leider vergriffen ist. Wenn Sie nur ungerösteten Sesam haben, eine kleine Pfanne erhitzen, den Sesam hineingeben und rösten, bis er duftet, dabei einmal durchrühren. Die Schärfe der Sauce können Sie ganz nach Geschmack anpassen: 2 TL Chili-Öl für etwas mehr Schärfe, wenn es milder sein soll, reicht 1 TL – Sie können aber auch ganz darauf verzichten.

1. Den Limettensaft in einer mittelgroßen Schüssel mit dem Olivenöl, dem Koriander und dem Pfeffer zu einer Marinade verrühren.
2. Die Fischfilets in einen großen Zip-Beutel geben und mit der Marinade übergießen. Den Beutel verschließen und alles gut vermischen. Die Fischfilets im Kühlschrank 1–2 Stunden marinieren.
3. In der Zwischenzeit die scharfe Sauce zubereiten: Den Reisessig, den Ingwer, die Sojasauce und den Senf in den Mixer geben und alles 10 Sekunden mixen. Das Sesamöl, das Erdnussöl und falls verwendet auch das Chili-Öl untermixen. Die Sauce in eine kleine Schale füllen und die Sesamsamen unterrühren.
4. Den gesäuberten und eingeölten Grill auf mittlere bis hohe Temperatur vorheizen.
5. Die Fischfilets auf den Grillrost legen und den Deckel schließen. Die Filets von jeder 3–4 Minuten grillen.
6. Zum Servieren auf eine Platte geben und mit Koriander garnieren. Mit der scharfen Sauce servieren.

# SÜSSSAURER LACHS

4 Lachsfilets (à 225 g)

170 ml Ananassaft

1 EL salzreduzierte Shoyu (japanische Sojasauce)

½–1 TL scharfes Chili-Öl

1 EL Pflanzenöl

2 Knoblauchzehen, fein gehackt

1 Zwiebel, fein gehackt

1 EL geriebener Ingwer

½ TL abgeriebene Schale von einer Bio-Limette, plus mehr zum Bestreuen

2 EL Limettensaft

1 Scheibe Ananas, in Stücke geschnitten

2 EL gehackter Koriander, zum Bestreuen

2 EL Frühlingszwiebelröllchen, zum Bestreuen

Vorbereiten: 10 Minuten
Marinieren: mindestens 4 Stunden
Grillen: 10–14 Minuten
Für: 4 Personen

Das Rezept basiert auf dem gegrillten orientalischen Lachs in dem Kochbuch *More Favorite Recipes*, herausgegeben von der Ha'aheo School in Hilo, Hawaii. Rechnen Sie pro Person ein halbes Pfund Lachs und bitten Sie den Fischhändler, das Filet in entsprechende Stücke zu schneiden.

1. Die Fischfilets in eine passende rechteckige Form legen.
2. Die übrigen Zutaten mit Ausnahme der Zutaten zum Bestreuen in einer kleinen Schüssel zu einer Marinade verrühren.
3. Die Fischfilets mit der Marinade übergießen und die Filets darin wenden, bis sie gleichmäßig mit Marinade überzogen sind.
4. Zugedeckt für mindestens 4 Stunden im Kühlschrank marinieren.
5. Den gesäuberten und eingeölten Grill auf mittlere Temperatur vorheizen.
6. Die Lachsstücke auf den Grillrost legen und den Deckel schließen.
7. Nach 5–7 Minuten den Lachs wenden und von der anderen Seite ebenfalls 5–7 Minuten grillen. Der Fisch ist fertig, wenn er sich mit einer Gabel leicht zerteilen lässt.
8. Die Lachsfilets mit den Ananasstücken auf eine Platte geben und vor dem Servieren mit Koriander, Frühlingszwiebeln und Limettenschale bestreuen.

# GEGRILLTER GELBFLOSSENTHUN

Hier muss der Fisch ganz frisch sein, denn er wird nicht durchgegart. Er wird nur kurz gebräunt und bleibt innen roh, sodass man beim Anschneiden das rote Fleisch sieht. Bitten Sie Ihren Händler um Gelbflossenthun in Sushi-Qualität. Dazu passt Chinakohl-Salat (siehe Seite 90).

120 ml Shoyu (japanische Sojasauce)

2 EL Honig

2 TL geröstete Sesamsamen

2 TL fein gehackter Knoblauch

4 Stücke Gelbflossenthun (à 225 g) in Sushi-Qualität

3 EL Olivenöl

Salz und frisch gemahlener schwarzer Pfeffer

2 EL Frühlingszwiebelröllchen, zum Bestreuen

Vorbereiten: 5 Minuten
Grillen: 5 Minuten
Für: 4 Personen

1. Den gesäuberten und eingeölten Grill auf mittlere Temperatur vorheizen.
2. In einer Schüssel die Sojasauce mit dem Honig, dem Sesam und dem Knoblauch zu einer Sauce verrühren.
3. Die Fischfilets mit dem Olivenöl einreiben und vorsichtig mit Salz und Pfeffer würzen.
4. Die Fischfilets auf den Grillrost legen und von jeder Seite 2–2½ Minuten grillen.
5. Die Fischfilets auf eine Servierplatte geben. Mit der Sauce beträufeln und mit den Frühlingszwiebeln bestreuen.

## JASAUCE

ıl salzreduzierte Shoyu
ıpanische Sojasauce)

60 ml Ahornsirup

3 EL Olivenöl

ein gehackter Knoblauch

. fein gehackter Ingwer

ısfilets mit Haut (à 225 g)

EL Frühlingszwiebel-
llchen, zum Bestreuen

schwarzer Sesam,
zum Bestreuen

❀

orbereiten: 15 Minuten
eren: mindestens 1 Stunde,
maximal über Nacht
Grillen: 18–20 Minuten
Für: 4 Personen

# SCHWERTFISCH MIT ZITRONENGRAS

2 EL Pflanzenöl

1 EL Sesamöl

2 EL Shoyu (japanische Sojasauce)

1 EL fein gehacktes Zitronengras

4 Schwertfischsteaks (à 115 g)

1 EL geröstete Sesamsamen, zum Bestreuen

Vorbereiten: 5 Minuten
Marinieren: 30 Minuten
Grillen: 6–8 Minuten
Für: 4 Personen

Dieser Schwertfisch, inspiriert von *Mother Earth Living*, eignet sich sowohl als Vorspeise wie als Füllung für Tisch-Tacos.

1. Das Pflanzenöl und das Sesamöl in einer Schüssel mit der Sojasauce und dem Zitronengras zu einer Marinade verrühren.
2. Die Fischstücke in eine Schüssel oder einen Zip-Beutel geben und gründlich mit der Marinade vermengen, sodass sie von beiden Seiten damit überzogen sind.
3. Im Kühlschrank 30 Minuten marinieren.
4. Den gesäuberten und eingeölten Grill auf mittlere Temperatur vorheizen.
5. Die Fischstücke aus der Marinade nehmen und auf den Grillrost legen. Von jeder Seite 3–4 Minuten grillen.
6. Die Fischstücke auf eine Servierplatte geben und mit dem Sesam bestreuen.

# GEMÜSE UND TOFU

# GEGRILLTER TOFU UND VEGGIES

1 Block fester Tofu (425 g)

120 ml Hoisinsauce

2 Knoblauchzehen, fein gehackt

1 EL plus 1 TL Pflanzenöl

1 EL geriebener Ingwer

1 EL Sushi-Reisessig

1 EL salzreduzierte Shoyu (japanische Sojasauce)

⅛ TL Cayennepfeffer

1 mittelgroße bis große Zucchini, längs in 4 Scheiben geschnitten, dann halbiert

1 große rote Paprikaschote, geviertelt und entkernt

1 Bund Frühlingszwiebeln, geputzt

❀

Vorbereiten: 25 Minuten
Grillen: 10–11 Minuten
Für: 2–3 Personen als Beilage

Die Idee zu diesem Rezept verdanke ich dem *Good Housekeeping Ultimate Grilling Cookbook*. Das Gericht spricht Vegetarier und Fleischesser gleichermaßen an. Verwenden Sie zum Grillen immer besonders festen Tofu, der auf dem Rost nicht zerfällt. Zucchini und Paprika eignen sich sehr gut zum Grillen, da sie ihre Struktur behalten, aber Sie können auch andere Gemüsesorten verwenden, ganz nach Geschmack.

1. Den gesäuberten und eingeölten Grill auf mittlere Temperatur vorheizen.
2. Den Tofu in Küchenpapier einwickeln und vorsichtig pressen, damit überschüssiges Wasser austritt.
3. Den Tofu der Länge nach in vier Scheiben schneiden, dann jede Scheibe halbieren.
4. Die Hoisinsauce in einer Schüssel mit dem Knoblauch, 1 EL Pflanzenöl, dem Ingwer, dem Reisessig, der Sojasauce und dem Cayennepfeffer zu einer Glasur verrühren. 60 ml davon für später beiseitestellen.
5. Die Tofuscheiben von beiden Seiten mit Glasur bestreichen.
6. Zucchini und Paprika in eine Schüssel geben und mit Glasur durchheben.
7. Die Frühlingszwiebeln mit 1 TL Pflanzenöl bestreichen.
8. Tofu, Zucchini und Paprikaschoten insgesamt 5 Minuten grillen, dabei nach Bedarf wenden und mit der beiseitegestellten Glasur bestreichen.
9. Den Tofu vom Grill nehmen und auf einer Platte warm halten. Das Gemüse noch etwa 5 Minuten weitergaren. Was fertig ist, nach und nach ebenfalls auf die Platte legen.
10. Zum Schluss noch die Frühlingszwiebeln grillen und zu den Tofu- und Gemüsestücken geben.

# AUBERGINEN MIT SESAM

2 EL Salz,
plus mehr zum Bestreuen

2–3 mittelgroße Auberginen, in 1,25 cm dicke Scheiben geschnitten

80 ml Olivenöl

2 TL Sesamsamen

Vorbereiten: 40 Minuten
Marinieren: 30–60 Minuten
Grillen: 6–10 Minuten
Für: 4 Personen

**Tipp:** Sie können den Sesam auch rösten; das geht am besten in einer Pfanne auf dem Herd bei mittlerer Hitze. Die Sesamsamen dabei wenden und rösten, bis sie goldbraun sind.

Auf dem Bauernmarkt kann ich den purpurfarbenen Auberginen kaum widerstehen. Auf Hawaii kann man das Gemüse in manchen Regionen sogar im Garten ziehen. Für dieses Rezept eignen sich sowohl die langen asiatischen Auberginen, die längs in Scheiben geschnitten werden, wie auch die dicken italienischen. Geschält werden sie nicht, damit sie auf dem Grill besser die Form behalten. Und wer mag, kann die Schale auch danach noch entfernen.

1. In einer großen Schüssel, in der alle Auberginenscheiben Platz finden, 2 EL Salz in 240 ml warmem Wasser auflösen. Dann 1,2 l kaltes Wasser dazugießen. Die Auberginen in die Salzlake legen. So werden sie beim Grillen außen knuspriger und geschmacklich intensiver.
2. Auf die Auberginenscheiben einen Teller legen, damit sie untergetaucht bleiben. Denn Teller falls nötig beschweren, etwa mit einer Konservendose. Die Auberginenscheiben 30–60 Minuten in der Salzlake lassen.
3. Den gesäuberten und eingeölten Grill auf mittlere bis hohe Temperatur vorheizen.
4. Die Auberginenscheiben abtropfen lassen und mit einem sauberen Küchentuch trocken tupfen. Die Scheiben auf einem großen Tablett oder einem Backblech verteilen, von beiden Seiten mit Olivenöl bestreichen und mit Salz bestreuen.
5. Die Auberginen auf den Grillrost legen und den Deckel schließen. Die Auberginen von jeder Seite 3–5 Minuten grillen, bis sie schön gebräunt sind.
6. Auf eine Servierplatte geben und mit Sesam bestreuen.

# GEGRILLTE SHISHITO-CHILIS

Nach einem Rezept der Website *The Spruce Eats.* Hier spielen Sie Roulette, denn etwa jede zehnte von diesen Chilischoten ist feurig scharf! Und wenn einer am Tisch auf dieses brennende Vergnügen trifft, bleibt das niemand verborgen.

**2 EL Sesamöl**

**¾ TL geriebener Knoblauch**

**½ TL geriebener Ingwer**

**1 EL Shoyu (japanische Sojasauce)**

**225 g Shishito-Chilischoten**

**1 TL Hawaii-Salz (oder grobes Meersalz)**

**Sesamsamen zum Bestreuen**

Vorbereiten: 5 Minuten
Marinieren: 15–20 Minuten
Grillen: 6–10 Minuten
Für: 4 Personen als Beilage

1. Den gesäuberten und eingeölten Grill auf mittlere Temperatur vorheizen.
2. Das Sesamöl in einer großen Schüssel mit dem Knoblauch, dem Ingwer und der Sojasauce zu einer Marinade verrühren. Die Chilischoten dazugeben und alles gut vermischen.
3. Die Chilischoten 15–20 Minuten marinieren, dabei gelegentlich wenden.
4. Die Chilischoten aus der Marinade nehmen, auf den Grill legen und den Deckel schließen.
5. Die Chilischoten von jeder Seite 3–5 Minuten grillen. Immer wieder nachsehen und die Schoten mit einer Grillzange wenden, sobald sich dunkle Blasen bilden.
6. Die gegrillten Chilischoten zurück in die Schüssel geben. Mit Hawaii-Salz und Sesam bestreuen.

# GEGRILLTE KAROTTEN MIT HAWAII-SALZ

Hier ist das Marinieren überflüssig. Diese kleinen Schönheiten eignen sich als Beilage zu fast allem: Fisch, Schweinefleisch, Rind oder Huhn.

900 g kleine Karotten, geschält

3 EL Olivenöl

Hawaii-Salz (oder grobes Meersalz)

frisch gemahlener schwarzer Pfeffer

Vorbereiten: 10 Minuten
Grillen: 10 Minuten
Für: 4–6 Personen als Beilage

1. Den gesäuberten und eingeölten Grill auf mittlere bis hohe Temperatur vorheizen.
2. Die Karotten auf einem Backblech verteilen und mit dem Olivenöl bestreichen. Mit Hawaii-Salz und Pfeffer nach Geschmack bestreuen.
3. Die Karotten insgesamt 10 Minuten grillen, dabei wenden, sobald eine Seite gebräunt ist.
4. Falls gewünscht, vor dem Servieren mit weiterem Salz und Pfeffer bestreuen.

# MAISKOLBEN MIT KIMCHI-CREME

4 Maiskolben, am besten mit den Hüllblättern

60 ml Pflanzenöl

Salz

gehackter Koriander und Frühlingszwiebelröllchen, zum Bestreuen

Vorbereiten: 15 Minuten
Grillen: 8–10 Minuten
Für: 4 Personen

Auf den Inseln wächst Mais, man sieht ihn in den Gärten, auf dem Bauernmarkt und im Supermarkt. Anstatt die knackigen Kolben in Butter zu ertränken, paaren wir sie hier mit einer leicht scharfen Kimchi-Creme.

1. Den gesäuberten und eingeölten Grill auf mittlere Temperatur vorheizen.
2. Die Maiskolben in dem Öl wenden, mit Salz bestreuen.
3. Auf den Grillrost legen, den Deckel schließen und die Maiskolben von jeder Seite 4–5 Minuten grillen.
4. Die Hüllbätter abziehen, die Maiskolben mit gehacktem Koriander und Frühlingszwiebeln bestreuen und mit Kimchi-Creme servieren.

## KIMCHI-CREME

Eine vielseitig verwendbare Geheimwaffe – überall einsetzbar, wo Sie sonst Mayonnaise verwenden würden. Und das Allerbeste: Sie eignet sich sogar als Dip! Wir geben sie auf Hotdogs und Maiskolben, man kann aber auch Gemüse vor dem Grillen darin wenden oder Nudeln darin schwenken oder sie unter Kartoffelpüree ziehen. Es gibt keine Einschränkungen.

250 g Kimchi

1 EL Flüssigkeit aus dem Glas

2 EL Kimchi-Würzpaste

225 g Frischkäse

1. Das Kimchi in Streifen schneiden und mit 1 EL Flüssigkeit aus dem Glas und 1 EL der Würzpaste in den Mixer geben. Alles fein pürieren. (Ein paar gröbere Stücke dürfen bleiben.)
2. Den Frischkäse und den restlichen 1 EL Kimchi-Würzpaste dazugeben und weitermixen, bis alles glatt und cremig ist. Wenn der Geschmack intensiver sein soll, kann man noch etwas mehr Kimchi-Würzpaste dazugeben, aber nicht zu viel, sonst wird die ganze Sache zu flüssig.

# PORTOBELLOPILZE MIT SCHWARZE-BOHNEN-SAUCE UND MINI-PAK-CHOI

4 große Portobellopilze, Stiel entfernt

4 Mini-Pak-Chois

2 EL Olivenöl

4 TL chinesische Schwarze-Bohnen-Sauce

1 EL geröstete Sesamsamen (nach Belieben)

Vorbereiten: 15 Minuten
Grillen: 4 Minuten
Für: 4 Personen

Meine Großmutter Dora konnte mit Schwarze-Bohnen-Sauce wahre Wunder vollbringen. Sie verwendete sie für Rindfleisch mit Tomaten, Hühnchen und grüne Bohnen, Tofu und Gemüse. Sie stellte die Sauce selbst her, während ich sie meist fertig kaufe. Aber das macht für dieses Gericht keinen Unterschied.

1. Den gesäuberten und eingeölten Grill auf mittlere Temperatur vorheizen.
2. Die Pilze und den Pak Choi gründlich mit Olivenöl einpinseln.
3. Auf die Oberseite der Pilze jeweils 1 TL Schwarze-Bohnen-Sauce geben. Die Pilze auf den Grill legen, Lamellen nach unten.
4. Den Pak Choi ebenfalls auf den Grill legen.
5. Pilze und Pak Choi nach etwa 2 Minuten wenden und weitere 2 Minuten von der anderen Seite grillen.
6. Den Pak Choi durchschneiden und zusammen mit den Pilzen zum Servieren auf eine Platte geben. Nach Belieben mit Sesam bestreuen.

RIND

# KALBI-SHORT-RIBS

100 g brauner Zucker

2 EL fein gehackter Knoblauch

1½ TL fein gehackter Ingwer

2 EL Mirin (süßer Reiswein)

1 EL Sesamöl

120 ml Shoyu (japanische Sojasauce)

675–900 g Querrippe vom Rind (Leiterstück), in gut 1 cm dicke Scheiben geschnitten

2 EL Frühlingszwiebelröllchen, zum Bestreuen

❀

Vorbereiten: 15 Minuten
Marinieren: über Nacht
Grillen: 6–8 Minuten
Für: 2 Personen als Hauptgericht, 4 als Beilage

Diese koreanischen Rippchen bieten eine gelungene Geschmackskombination aus süß und salzig. Im Asia-Shop findet man die Rippchen fertig geschnitten, aber Sie können auch Ihren Metzger bitten, Querrippe in 1 cm dicke Scheiben zu schneiden. So gart das Fleisch sehr schnell. Dazu passt am besten ein klassischer Nudelsalat (siehe Seite 108) und gedämpfter Reis.

1. Den braunen Zucker in einer mittelgroßen Schüssel mit dem Knoblauch, dem Ingwer, dem Reiswein, dem Sesamöl und der Sojasauce sowie 60 ml Wasser zu einer Marinade verrühren.
2. Das Fleisch in einen großen Zip-Beutel (oder in eine Schüssel) geben und mit der Marinade übergießen.
3. Den Beutel verschließen und das Fleisch über Nacht im Kühlschrank marinieren.
4. Den gesäuberten und eingeölten Grill auf mittlere Temperatur vorheizen.
5. Die Fleischstücke aus der Marinade nehmen und auf den Grillrost legen.
6. Von jeder Seite 3–4 Minuten grillen.
7. Vor dem Servieren mit den Frühlingszwiebeln bestreuen.

# GEGRILLTES FLANK-STEAK

120 ml Shoyu
(japanische Sojasauce)

1 EL Sesamöl

2 EL Reisessig

1 EL Zucker

3 Knoblauchzehen, fein gehackt

2 EL geriebener Ingwer

½ TL Cayennepfeffer

1 Bund Frühlingszwiebeln, in Röllchen geschnitten

1 Flank-Steak (675–900 g)

❀

Vorbereiten: 15 Minuten
Marinieren: mindestens 2 Stunden, maximal über Nacht
Grillen: 12–16 Minuten
Für: 4 Personen

Die Frage »Wo ist das Fleisch?« erübrigt sich hier. Das Steak wird nur 2 Stunden mariniert und garantiert ein gutes Essen mit minimalem Aufwand. Dazu passen gegrillte Karotten mit Hawaii-Salz (siehe Seite 53) und gegrillter Romanasalat mit frischer Mango (siehe Seite 125).

1. Die Sojasauce in einer kleinen Schüssel mit dem Sesamöl, dem Reisessig, dem Zucker, dem Knoblauch, dem Ingwer und dem Cayennepfeffer zu einer Marinade verrühren.
2. Von der Marinade 2–3 EL für später beiseitestellen. Die übrige Marinade in einen großen Zip-Beutel geben.
3. Von den Frühlingszwiebeln ebenfalls 2 EL für später beiseitelegen. Die übrigen zusammen mit dem Steak in den Beutel geben. Die Luft herausdrücken, den Beutel verschließen und alles gut vermischen.
4. Den Beutel für mindestens 2 Stunden (maximal über Nacht) in den Kühlschrank legen, dabei immer wieder wenden.
5. Den gesäuberten und eingeölten Grill auf mittlere Temperatur vorheizen.
6. Das Steak aus der Marinade nehmen. Auf den Grillrost legen, den Deckel schließen und das Steak insgesamt 12–16 Minuten grillen, dabei nach der Hälfte der Zeit wenden.
7. Das fertig gegarte Steak vom Grill nehmen und 10 Minuten ruhen lassen.
8. Die beiseitegestellte Marinade mit 2 EL heißem Wasser verrühren und das Steak damit beträufeln. Das Fleisch vor dem Servieren aufschneiden und mit den restlichen Frühlingszwiebeln bestreuen.

# GEGRILLTES RIBEYE-STEAK

So ein Ribeye-Steak ist vielseitig verwendbar: es kann als Hauptgericht auf den Tisch kommen, in Streifen geschnitten als Häppchen dienen oder einen gemischten Salat bereichern.

160 ml Ananassaft

2 EL salzreduzierte Shoyu (japanische Sojasauce)

2 EL Apfelessig

1 EL brauner Zucker

2 große Knoblauchzehen, fein gehackt

2 TL geriebener Ingwer

4 Ribeye-Steaks (à 280–340 g), etwa 3 cm dick

1 EL gehackte Petersilie, zum Bestreuen (nach Belieben)

Vorbereiten: 15 Minuten
Marinieren: 40 Minuten
Grillen: 8–12 Minuten
Für: 4 Personen

1. Den Ananassaft in einer Schüssel mit der Sojasauce, dem Apfelessig, dem braunen Zucker, dem Knoblauch und dem Ingwer zu einer Marinade verrühren.
2. Die Steaks in einen großen Zip-Beutel legen und mit der Marinade übergießen. Den Beutel verschließen, dabei die Luft herausdrücken.
3. Den Beutel für mindestens 40 Minuten (maximal über Nacht) in den Kühlschrank legen.
4. Den gesäuberten und eingeölten Grill auf mittlere bis hohe Temperatur vorheizen.
5. Die Steaks aus dem Beutel nehmen, die Marinade entsorgen.
6. Die Steaks auf den Grillrost legen und von jeder Seite 4–6 Minuten grillen.
7. Die Steaks vor dem Servieren nach Belieben mit Petersilie bestreuen.

# PŪLEHU TRI-TIP

*Pūlehu* ist Hawaiianisch und bedeutet »auf dem Feuer braten«. Das Steak wird nur mit den Würzzutaten eingerieben und dann auf den Rost gelegt. Das Rezept stammt ursprünglich aus dem *Hawai'i Magazine*.

4 Tri-Tip-Steaks (Bürgermeisterstück; à 225 g)

120 ml Shoyu (japanische Sojasauce)

75 g 'Alaea (rotes Hawaii-Salz; oder grobes Meersalz)

1 EL Zucker

2 TL frisch gemahlener schwarzer Pfeffer

2 EL fein gehackter Knoblauch

2 TL fein gehackter Ingwer (nach Belieben)

1 EL Sesamöl (nach Belieben)

Vorbereiten: 15 Minuten
Grillen: 6–10 Minuten
Für: 4 Personen als Hauptgericht

1. Den gesäuberten und eingeölten Grill auf mittlere Temperatur vorheizen.
2. Die Sojasauce in einer mittelgroßen Schüssel mit dem Salz, dem Zucker, dem Pfeffer und dem Knoblauch verrühren, nach Belieben Ingwer und Sesamöl hinzufügen.
3. Die Steaks mit der Mischung einreiben.
4. Von jeder Seite 3–5 Minuten garen.

# TERIYAKI-RINDFLEISCHSPIESSE

80 ml Shoyu (japanische Sojasauce)

3 EL brauner Zucker

2 EL weißer Zucker

1 TL fein gehackter Knoblauch

½ TL fein gehackter Ingwer

500 g Flank- oder Skirt-Steak, in gut 1 cm breite Streifen geschnitten

1 EL Frühlingszwiebelröllchen, zum Bestreuen

Grillspieße (Holzspieße vor dem Gebrauch 30 Minuten wässern)

Vorbereiten: 15 Minuten
Marinieren: über Nacht
Grillen: 6–10 Minuten
Für: 2 Personen als Hauptgericht, 4 als Beilage

Diese Aromen haben mich dazu gebracht, alles vom Spieß zu lieben, als ich noch klein war. Und schließlich haben sie mich wieder zum Rindfleisch zurückgebracht, nachdem ich eine Zeitlang vegetarisch gelebt hatte. Wir grillen solche Spieße gern am Strand, auf einem tragbaren Hibachi-Holzkohlengrill. Für das Rezept danke ich Tess Bevernage, meiner Schwägerin, und Thomas Robillard, meinem Bruder, die in Vancouver die Cateringfirma Hānai Family Table betreiben.

1. Die Sojasauce in einer Schüssel mit dem Zucker, dem Knoblauch, dem Ingwer und 2 EL Wasser zu einer Marinade verrühren.
2. Das Fleisch in einen Zip-Beutel (oder eine Schüssel) legen und mit der Marinade übergießen.
3. Den Beutel verschließen und das Fleisch im Kühlschrank über Nacht marinieren – nicht länger.
4. Den gesäuberten und eingeölten Grill auf mittlere Temperatur vorheizen.
5. Die Fleischstreifen zickzackförmig auf die Spieße stecken, dabei durch beide Enden stechen.
6. Die Spieße von jeder Seite etwa 3 Minuten grillen, je nach Dicke der Fleischstreifen. Mit den Frühlingszwiebeln bestreuen und mit Nudelsalat (siehe Seite 108) oder einem grünen Salat servieren.

# PICKNICK UND PARTY

# TACO-PARTY

Meine Tante Shirley bestellt im Restaurant fast immer nur Vorspeisen – ein bisschen hiervon, ein bisschen davon. Und um besondere Vorlieben geht es auch an dieser Taco-Bar, wo die Portionen klein sind, damit Sie verschiedene köstliche Geschmacksrichtungen probieren können. Für kleine *kine 'ono grinds* oder Vorspeisen können Sie als Tacofüllung Pūlehu Tri-Tip (siehe Seite 67) zubereiten und klein schneiden, oder Schwertfisch mit Zitronengras (siehe Seite 42) oder Teriyaki-Hähnchenspieße (siehe Seite 16). Einfach Ihre Lieblingstortillas damit belegen, dann noch etwas Grill-Salsa oder hausgemachte Guacamole dazugeben – fertig.

## GRILL-SALSA

1 große reife Mango

8–10 Kirschtomaten

1–2 rote oder gelbe Paprikaschoten, halbiert und entkernt

½ rote Zwiebel, in Scheiben geschnitten

1 Handvoll gehackter Koriander

1 EL Rotweinessig

Hawaii-Salz (oder grobes Meersalz)

Grillspieße (Holzspieße vor dem Gebrauch 30 Minuten wässern)

Vorbereiten: 10 Minuten
Grillen: 5–7 Minuten
Für: 4–6 Personen

1. Den gesäuberten und eingeölten Grill auf mittlere Temperatur vorheizen.
2. Die Mango schälen und in dicke Scheiben schneiden.
3. Die Kirschtomaten auf Spieße stecken.
4. Die Paprikaschoten, die Tomaten, die Zwiebelringe und die Mangoscheiben auf den Grillrost legen. Von beiden Seiten garen, bis alles gut gebräunt ist.
5. Alles vom Grill nehmen und von den Paprikaschoten die verbrannte Haut abreiben, soweit sie sich leicht ablöst.
6. Alles fein würfeln und in eine mittelgroße Schüssel geben. Mit dem Koriander, dem Rotweinessig und Hawaii-Salz nach Geschmack vermengen.
7. Die Salsa abschmecken und warm servieren. Man kann sie aber auch im Voraus zubereiten und gekühlt servieren.

## GUACAMOLE

Auf Hawaii können Avocados leicht so groß werden wie eine Cantaloupe-Melone. Und das mache ich am liebsten damit:

2 Avocados

1 rote Zwiebel, fein gehackt

Saft von 1 Limette

2 Knoblauchzehen, fein gehackt

2 EL gehackter Koriander

½ TL Hawaii-Salz (oder grobes Meersalz)

Vorbereiten: 10 Minuten
Für: 4 Personen

1. Die Avocados halbieren und entsteinen, das Fruchtfleisch auslösen und zerdrücken. Mit den übrigen Zutaten verrühren.
2. Die Guacamole zu Tacos servieren oder als Dip zu Tortillachips.

# HAMAJANG-HOTDOGS

Man weiß ja nie, wer noch vorbeikommt, deshalb sollte man immer etwas zu essen im Haus haben. Sie haben nur Würstchen? Perfekt. In unserem lokalen Dialekt bedeutet *hamajang* »alles durcheinander«, und für diese Hotdogs können Sie Würstchen und Toppings nach Lust und Laune kombinieren. Wir haben einige lokale Favoriten auf den Rost gelegt – Shoyu-Dogs, Redondo's Red Hotdogs und portugiesische Bratwurst, die Chorizo ähnelt. Dazu gibt es Speck-Zwiebel-Topping, Sriracha-Mayonnaise, Kimchi und Grill-Salsa.

Hotdog-Würstchen nach Wahl

Hotdog-Brötchen

Speck-Zwiebel-Topping (siehe Seite 78), Sriracha-Mayonnaise (siehe Seite 78), Grill-Salsa (siehe Seite 73) und weitere Toppings nach Wahl

Vorbereiten: 15 Minuten
Grillen: 6–8 Minuten, je nach Größe der Würstchen auch länger
Für: 4 Personen

1. Den gesäuberten und eingeölten Grill auf mittlere Temperatur vorheizen.
2. Die Würstchen auf den Grillrost legen. Nach 3–4 Minuten wenden und weitergrillen, bis sie durchgegart sind.
3. Die gegrillten Würstchen in ein aufgeschnittenes Brötchen stecken und mit Toppings nach Wahl garnieren.

# SHOYU-DOGS

Diese Hotdogs sind auf Hawaii ein Klassiker. Ein bisschen salzig, ein bisschen süß, schmecken sie so wie sie sind oder in einem Brötchen.

120 ml Shoyu (japanische Sojasauce)

3 EL brauner Zucker

8–12 Hotdog-Würstchen

Vorbereiten: 5 Minuten
Grillen: 5–6 Minuten
Für: 8–12 Personen

1. Den gesäuberten und eingeölten Grill auf mittlere Temperatur vorheizen.
2. Die Sojasauce in einer kleinen Schüssel mit dem Zucker zu einer Marinade verrühren, bis sich der Zucker vollständig aufgelöst hat.
3. Die Hotdog-Würstchen auf den Grillrost legen und mit der Marinade bestreichen.
4. Die Würstchen nach 2–3 Minuten wenden und weitere 2–3 Minuten grillen, bis sie durchgegart sind.

## SPECK-ZWIEBEL-TOPPING

Das Lieblingstopping meiner Oma Dora Gin; es passt hervorragend zu frisch gegrillten Hotdogs. Sie können die Würstchen aber auch zusammen mit dem Topping in der Pfanne braten.

**340 g Bacon in Scheiben**

**½ Zwiebel, fein gewürfelt**

**4 EL Ketchup**

**1 TL Shoyu (japanische Sojasauce)**

Vorbereiten: 15 Minuten
Für: 4 Personen

1. Den Bacon in einer großen beschichteten Pfanne knusprig braten, falls nötig portionsweise. Fertig gebratene Scheiben auf einem mit Küchenpapier ausgelegten Teller abtropfen lassen. Die Scheiben in gut 1 cm große Quadrate schneiden.
2. In derselben Pfanne in dem ausgetretenen Fett die Zwiebel braten.
3. Speck und Zwiebel in einer kleinen Schüssel mit dem Ketchup und der Sojasauce verrühren.

## SRIRACHA-MAYONNAISE

Diese scharfe Mayonnaise passt gut zu Hotdogs, Hamburgern und Gemüse. Und wer seinem Hotdog noch ein bisschen mehr Feuer mitgeben will, entscheidet sich für eine gesunde Portion Kimchi. (Das ist ein großartiger Ersatz für das übliche Sauerkraut und passt besonders gut zu portugiesischen Bratwürstchen.)

**4 EL Mayonnaise**

**2 TL Sriracha-Sauce**

Vorbereiten: 5 Minuten
Für: 8 Personen

Die Mayonnaise in einer kleinen Schüssel mit der Sriracha-Sauce verrühren. Wer es schärfer mag, kann mehr Sriracha nehmen.

# GEGRILLTES-SPAM-MUSUBI

Auf den Inseln ist Musubi allgegenwärtig: wir essen es nach dem Fußballspiel, beim Baseball, bei Wanderungen zu den Maunawili-Wasserfällen, bei Schulfesten ... Man bekommt es einzeln verpackt in den meisten Lebensmittelgeschäften. Für dieses Buch habe ich die traditionelle Shoyu-Zucker-Variante gegrillt. Und wenn es vegetarisch sein soll, können Sie das Frühstücksfleisch durch eine Packung festen Tofu (425 g) ersetzen, in acht Scheiben geschnitten.

600 g Sushireis

60 ml Shoyu (japanische Sojasauce)

100 g Zucker

1 Dose Frühstücksfleisch (340 g)

5 Blätter Nori-Algen

Furikake (nach Belieben)

Vorbereiten: 30 Minuten
Marinieren: 10–15 Minuten
Grillen: 6–10 Minuten
Für: 8 Personen

**Tipp:** Auf Hawaii benutzen wir für Musubi eine spezielle Form, eine Art Presse. Als Ersatz eignet sich die Dose vom Frühstücksfleisch: Sie müssen nur mit dem Dosenöffner auch den Boden entfernen und die Dose dann gut spülen und abtrocknen.

1. Den gesäuberten und eingeölten Grill auf mittlere Temperatur vorheizen.
2. Den Reis waschen, dann mit 720 ml Wasser im Reiskocher oder in einem Topf etwa 20 Minuten garen. Anschließend auf Zimmertemperatur abkühlen lassen.
3. In einer mittelgroßen Schüssel die Sojasauce mit dem Zucker zu einer Marinade verrühren.
4. Das Frühstücksfleisch in acht Scheiben schneiden. Die Scheiben gleichmäßig mit der Marinade überziehen und 10–15 Minuten marinieren.
5. Das Frühstücksfleisch aus der Marinade nehmen und von jeder Seite 3–5 Minuten grillen, bis es schön gebräunt ist.
6. Die Noriblätter in passende Streifen schneiden.
7. Wenn das Musubi für unterwegs gedacht ist, zuerst die Form mit Frischhaltefolie auslegen und die Folie überhängen lassen. Die Noriblätter mit der glänzenden Seite nach unten auf die Arbeitsfläche legen.
8. Die Musubi-Form oder die Fleischdose in die Mitte eines Noriblatts setzen. Eine Schüssel mit Wasser bereitstellen. In die Form eine gut 2,5 cm hohe Schicht Reis füllen und etwas andrücken. Die Form abziehen und darauf achten, dass der Reis auf dem Noriblatt haften bleibt.
9. Eine Scheibe gegrilltes Frühstücksfleisch auf den Reis legen. Ein Ende des Noriblatts darüberschlagen, das andere Ende anfeuchten und beide zusammendrücken. Das Musubi nach Belieben mit Furikake bestreuen.

# TERIYAKI-BURGER

Wenn bei Hānai Family Table die Teriyaki-Burger auf dem Grill liegen, gibt es dazu mit Sicherheit einen Schlag *'ono* Nudelsalat. Wer mag, schichtet Salatblätter, Tomatenscheiben und Zwiebelringe auf seinen Burger; man kann ihn aber auch sehr gut pur in einem Brötchen genießen. Für das Rezept danke ich Tess Bevernage und Thomas Robillard.

120 ml Shoyu (japanische Sojasauce)

50 g weißer Zucker

50 g brauner Zucker

1 TL fein gehackter Knoblauch

1 TL fein gehackter Ingwer

450 g Rinderhackfleisch

4 Burger-Brötchen

4 EL Mayonnaise

Vorbereiten: 15 Minuten
Marinieren: über Nacht, aber nicht länger
Grillen: 6–7 Minuten
Für: 4 Personen

1. Die Sojasauce in einer mittelgroßen Schüssel mit dem Zucker, dem Knoblauch, dem Ingwer und 60 ml Wasser zu einer Marinade verrühren. Davon 2 TL beiseitestellen, um sie später unter die Mayonnaise zu rühren, und 2 EL zum Bestreichen der Hamburger auf dem Grill.
2. Das Hackfleisch in einen Zip-Beutel geben und mit der restlichen Marinade übergießen. Den Beutel verschließen und über Nacht in den Kühlschrank legen – nicht länger, sonst wird das Fleisch zu weich.
3. Den gesäuberten und eingeölten Grill auf mittlere Temperatur vorheizen.
4. Das Hackfleisch in vier Portionen teilen und zu Kugeln formen, etwas kleiner als ein Tennisball.
5. Die Kugeln leicht flach drücken, sodass sie etwas größer sind als die Burger-Brötchen. Das Fleisch schrumpft beim Grillen.
6. Die Patties etwa 3 Minuten von jeder Seite grillen, dabei mit den 2 EL Marinade bestreichen. Die Brötchen aufschneiden und rösten, falls gewünscht.
7. Die Mayonnaise mit 2 TL der Marinade verrühren und die Brötchen damit bestreichen. Die Patties auf die Brötchen verteilen und servieren.

# MEIN GRILLED CHEESE SANDWICH

8 Scheiben süßes Weißbrot

2 EL Butter

340 g Schnittkäse

❀

Vorbereiten: 10 Minuten
Grillen: 4–6 Minuten
Für: 4 Personen

Wer Süß-Salziges mag, kommt bei dieser Variante des klassischen Käsesandwichs auf seine Kosten. Ich kaufe das Brot dafür am liebsten im Punalu'u Bake Shop auf der Hauptinsel. Sie können natürlich auch jedes andere süße Weißbrot nehmen, auch selbst gebackenes.

1. Den gesäuberten und eingeölten Grill auf mittlere Temperatur vorheizen.
2. Die Brotscheiben von einer Seite mit Butter bestreichen, dann ein bis zwei Scheiben Käse daraufgeben und mit einer zweiten Brotscheibe abdecken.
3. Die Brote auf den Grillrost legen. Den Deckel schließen und die Brote 2–3 Minuten grillen.
4. Die Sandwiches wenden und die andere Seite grillen, bis der Käse geschmolzen ist.
5. Sofort genießen!

SCHWEIN

# SCHWEINEKOTELETTS MIT INGWER UND KNOBLAUCH

180 ml Shoyu (japanische Sojasauce)

80 g brauner Zucker

3 EL Zitronensaft

2 EL Pflanzenöl

1 TL gemahlener Ingwer

¼ TL Knoblauchpulver

6 Schweinekoteletts

❀

Vorbereiten: 15 Minuten
Marinieren: 6 Stunden oder über Nacht
Grillen: 12–16 Minuten
Für: 6 Personen

Diese Koteletts schmecken gut zu Krautsalat oder Apfelmus. Die Marinade ist ganz schnell angerührt, denn wir verwenden hier Knoblauch- und Ingwerpulver. Das Rezept ist eine Abwandlung von Ben's Chinese Pork Chops auf der Website Allrecipes.com.

1. Die Sojasauce in einer großen Schüssel mit dem Zucker, dem Zitronensaft, dem Öl, dem Ingwer und dem Knoblauchpulver zu einer Marinade verrühren. 60 ml der Marinade zum Bestreichen beiseitestellen.
2. Die Koteletts von jeder Seite zwei- bis dreimal mit einer Gabel einstechen.
3. Die Koteletts in einen großen Zip-Beutel legen und mit der Marinade gleichmäßig übergießen. Den Beutel verschließen und für 6 Stunden oder über Nacht in den Kühlschrank legen.
4. Den gesäuberten und eingeölten Grill auf mittlere Temperatur vorheizen.
5. Die Koteletts auf den Rost legen und von jeder Seite 6–8 Minuten grillen, dabei immer wieder mit der beiseitegestellten Marinade bestreichen.

# BAO MIT ADOBO-SCHWEINEBAUCH UND CHINAKOHL-SALAT

160 ml helle Shoyu (japanische Sojasauce)

160 ml Branntweinessig

3 Lorbeerblätter

1 EL schwarze Pfefferkörner

3 Knoblauchzehen, grob gehackt

2 EL Zucker

450 g Schweinebauch ohne Schwarte, in dünne Scheiben geschnitten, überschüssiges Fett entfernt

1 Bund Frühlingszwiebeln, in etwa 5 cm lange Stücke geschnitten

4–6 Bao-Brötchen

Grillspieße (Holzspieße vor dem Gebrauch 30 Minuten wässern)

❀

Vorbereiten: 20 Minuten
Marinieren: 2 Stunden bis 1 Nacht
Grillen: 20 Minuten
Für: 3–4 Personen

Im Asia-Shop bekommt man die kleinen chinesischen Bao-Brötchen frisch oder tiefgekühlt. Und wer keine fertigen Bao-Brötchen findet, kann sie auch ganz leicht selbst machen, Rezepte findet man im Internet. Vegetarier können hier den Schweinebauch durch Tofu ersetzen.

1. Die Sojasauce in einer mittelgroßen Schüssel mit dem Branntweinessig, den Lorbeerblättern, den Pfefferkörnern, dem Knoblauch und dem Zucker zu einer Marinade verrühren.
2. Den Schweinebauch in einen großen Zip-Beutel legen und mit der Marinade übergießen. Den Beutel verschließen und für mindestens 2 Stunden in den Kühlschrank legen, besser über Nacht. Den Beutel während dieser Zeit mindestens einmal wenden.
3. Den gesäuberten und eingeölten Grill auf mittlere Temperatur vorheizen.
4. Das Fleisch aus der Marinade nehmen, Pfefferkörner und Lorbeerblätter entfernen. Das Fleisch auf Spieße stecken und von jeder Seite etwa 10 Minuten grillen.
5. In warmen Bao-Brötchen mit Chinakohl-Salat servieren.

## CHINAKOHL-SALAT

4 Frühlingszwiebeln

2 EL Shoyu (japanische Sojasauce)

1 EL Zucker

1 TL Fischsauce

1 TL Sesamöl

2 EL gehackter Koriander

½ Chinakohl, in feine Streifen geschnitten

1. Die Frühlingszwiebeln längs in etwa 5 cm lange, feine Streifen schneiden, dann in eine Schüssel mit Eiswasser legen.
2. Die Sojasauce in einer großen Schüssel mit dem Zucker, der Fischsauce, dem Sesamöl und dem Koriander zu einem Dressing verrühren.
3. Den Chinakohl und die Frühlingszwiebeln unterheben.

# ISLAND-STYLE CHAR-SIU-RIPPCHEN

Wie Mark Bittman in *How to Grill Everything* bemerkt, sind Char Siu Baby Back Ribs ideal für alle, die zum ersten Mal Rippchen grillen. Mich erinnert der Geschmack an die Brötchen mit Schweinefleisch, die der Manapua-Mann (Manapua ist der hawaiianische Name für Char-Siu-Bao) hier in Hawaii aus einem weißen Lieferwagen heraus verkaufte. Nach der Schule reichten wir einen Vierteldollar über den Zaun und der Manapua-Mann gab uns ein Brötchen oder einen Reiskuchen.

1,8 kg dicke Rippe am Stück

Salz und frisch gemahlener schwarzer Pfeffer

60 ml Hoisinsauce

3 EL Honig

60 ml Shoyu (japanische Sojasauce)

2 EL Reiswein

1 EL fein gehackter Ingwer

¼ TL Fünf-Gewürze-Pulver

Vorbereiten: 15 Minuten
Grillen: 1½–2½ Stunden
Für: 4–6 Personen

1. Den gesäuberten und eingeölten Grill auf geringe bis mittlere Temperatur vorheizen.
2. Das Fleisch von beiden Seiten mit Salz und Pfeffer würzen.
3. Die Hoisinsauce in einer kleinen Schüssel mit dem Honig, der Sojasauce, dem Reiswein, dem Ingwer und dem Fünf-Gewürze-Pulver zu einer Glasur verrühren.
4. Die Rippchen mit der Fleischseite nach oben auf den Grillrost legen und den Deckel schließen. Bei einer konstanten Temperatur von 120–150 °C etwa 1½–2½ Stunden garen. Dabei alle 30 Minuten mit Glasur bestreichen und wenden.
5. Die Rippchen sind fertig, wenn man sie mit einem Messer zwischen den Knochen leicht zerteilen kann.

# SPIESSE MIT SHISO

In vielen Yakitori-Lokalen wird gegrilltes Schweinefleisch mit Shiso serviert, und es ist eines der Lieblingsgerichte von Dawns Familie. Hier ist ihr Rezept für eine hausgemachte Version. Frische Shisoblätter bekommt man Asia-Shop. Das Fleisch muss einen gewissen Fettanteil haben – nicht so viel wie Bauchspeck, aber auch nicht zu mager. Was auch immer Sie kaufen, die Scheiben dürfen keine Knochen enthalten und sollten etwa 3 mm dick sein.

675–900 g Schweinefleisch, in 3 mm dicke Scheiben geschnitten

Knoblauchsalz und Pfeffer

12–20 Shisoblätter

Hawaii-Salz (oder grobes Meersalz)

Grillspieße (Holzspieße vor dem Gebrauch 30 Minuten wässern)

Vorbereiten: 20 Minuten
Grillen: 8–12 Minuten
Für: 4–6 Personen

1. Den gesäuberten und eingeölten Grill auf hohe Temperatur vorheizen.
2. Zwei bis drei Scheiben Fleisch dicht an dicht auf die Arbeitsfläche legen, sodass ein Rechteck in der Größe eines Din-A-4-Blatts entsteht. Notfalls die Scheiben ein bisschen übereinanderschieben, um Löcher zu schließen. Leicht mit Knoblauchsalz und Pfeffer würzen.
3. Die Shisoblätter auf dem Fleisch verteilen. (Shiso hat ein intensives Aroma, meine Familie liebt es, deshalb lege ich die Blätter dicht an dicht auf das Fleisch, aber das können Sie natürlich halten, wie Sie wollen.)
4. Fleisch und Shisoblätter vorsichtig aufrollen. Wir brauchen eine feste Rolle, die beim Schneiden und Aufspießen nicht zerfällt. Sie sollte am Ende 25–30 cm lang sein und einen Durchmesser von 5 cm haben. Die Schritte 2 bis 4 wiederholen, bis das Fleisch aufgebraucht ist.
5. Die Rollen in gut 1 cm dicke Scheiben schneiden. Jeweils fünf bis sechs davon auf einen Spieß stecken. Von beiden Seiten mit Hawaii-Salz bestreuen.
6. Von jeder Seite 4–6 Minuten grillen, bis das Fleisch gut gebräunt ist. Sie sind schnell gar, und wenn das Fleisch besonders fettig ist, blähen sie sich auf! Sofort servieren.

**Tipp:** Hier ist Fleisch mit einem gewissen Fettanteil gefragt, wie Schweinenacken. Am besten lassen Sie es gleich vom Metzger in dünne Scheiben schneiden. Ansonsten ist der Fleischklopfer ihr bester Freund.

# DESSERTS

# DA KINE S'MORES

1 Beutel große Marshmallows

2–3 Tafeln Milchschokolade

Royal Creem Cracker (oder Graham Cracker)

Grillspieße (Holzspieße vor dem Gebrauch 30 Minuten wässern)

❀

Vorbereiten: 10 Minuten
Grillen: 2–4 Minuten
Für: 4–10 Personen

Die Diamond Bakery auf Hawaii produziert eine knusprige Alternative zu den traditionellen Graham Crackers, genannt Royal Creem Cracker. Es gibt sie in unterschiedlichen Geschmacksrichtungen, darunter Kokos und Kona Coffee. Ansonsten nehme ich gern MarieLu Biscuits, und natürlich spricht auch nichts gegen ganz gewöhnliche Graham Cracker. S'mores schmecken am besten, wenn die Marshmallows über einer offenen Flamme geröstet werden, zünden Sie also ein Holzkohlenfeuer an. Wir nehmen dafür einen kleinen Smokey Joe.

1. Den gesäuberten und eingeölten Grill vorheizen.
2. Ein Marshmallow auf einen langen Spieß stecken.
3. Über die offene Flamme halten und drehen, während das Marshmallow bräunt; das dauert 2–4 Minuten.
4. Das geröstete Marshmallow mit einem Stück Schokolade zwischen zwei Cracker stecken und sofort genießen.

# GEGRILLTE BANANE MIT KOKOS

2 Bananen, geschält und längs halbiert

2 EL Olivenöl

4 EL geröstete Kokosraspel

1 EL Kakao-Nibs (nach Belieben)

2 EL grob gehackte Macadamianüsse (nach Belieben)

1 Becher süße Sahne, steif geschlagen

Vorbereiten: 10 Minuten
Grillen: 4–6 Minuten
Für: 4 Personen

Auf Hawaii werden Bananen angebaut. Im Handel werden sie unter dem Namen Apple Banana vermarktet. Die Früchte sind kleiner und nicht so süß wie die meisten anderen Bananen. Auch in unserem Garten hinter dem Haus wachsen Bananen, manchmal reifen mehr als 70 Stück gleichzeitig heran. Wir verschenken sie an Freunde und Nachbarn, an die Familie und das ganze Fußballteam. Dieses Rezept funktioniert mit jeder Art von festen Bananen (sehr reife, weiche Bananen schmelzen auf dem Grill).

1. Den gesäuberten und eingeölten Grill auf mittlere Temperatur vorheizen.
2. Die Bananen von beiden Seiten mit Olivenöl bestreichen.
3. Die Bananen auf den Grillrost legen und von jeder Seite 2–3 Minuten grillen.
4. Die Bananenhälften auf vier Teller verteilen und mit den Kokosraspeln bestreuen. Wer mag, gibt auch Kakao-Nibs und Macadamias dazu. Das Ganze mit einem Schlag Sahne krönen.

# SCHARFE ANANAS MIT LI HING MUI

Für warme gegrillte Ananas könnte ich sterben. Besonders gut schmeckt sie mit Li-Hing-Mui-Pulver bestreut, das aus getrockneten, eingesalzenen Pflaumen gewonnen wird. Man bekommt es im Asia-Shop oder online. Cayennepfeffer und Chilipulver steuern etwas Schärfe bei und überraschen die Geschmacksknospen. Vanilleeis ist die perfekte süße Ergänzung dazu.

½ TL Li-Hing-Mui-Pulver

¼ TL Chilipulver (nach Belieben)

¼ TL Cayennepfeffer (nach Belieben)

2 EL Olivenöl

1 Ananas, geschält und in Spalten geschnitten

1 EL gehackte Minzeblätter, zum Bestreuen (nach Belieben)

abgeriebene Schale von 1 Bio-Limette (nach Belieben)

4–8 Kugeln Vanilleeis

Vorbereiten: 30 Minuten
Grillen: 4–6 Minuten
Für: 4–8 Personen

1. Den gesäuberten und eingeölten Grill auf mittlere Temperatur vorheizen.
2. Das Li-Hing-Mui-Pulver nach Belieben mit dem Chilipulver und dem Cayennepfeffer mischen.
3. Die Ananasspalten leicht mit Olivenöl einpinseln.
4. Die Ananasspalten auf den Grillrost legen. Nach 2–3 Minuten wenden und die zweite Seite ebenfalls 2–3 Minuten grillen. Darauf achten, dass die Ananas nicht austrocknet.
5. Die Ananasspalten auf eine Platte geben und mit dem Li-Hing-Mui-Pulver bestreuen. Wer mag, gibt auch Minze und Limettenschale dazu.
6. Die gegrillte Ananas mit dem Vanilleeis servieren.

# GEGRILLTES SÜSSES BROT MIT MANGO

Das süße Weißbrot, das auf Hawaii so beliebt ist, kam im 19. Jahrhundert mit portugiesischen Einwanderern zu uns, die auf den Ranches und Plantagen arbeiteten. Ich habe hier das Brot mit Guavengeschmack von Punalu'u Bake Shop verwendet, aber Sie können auch jedes andere süße Weißbrot nehmen, in etwa 2,5 cm dicke Scheiben geschnitten.

8 Scheiben süßes Weißbrot

2 EL Butter

2 Mangos, in Scheiben geschnitten

2 EL Olivenöl

Schlagsahne, zum Servieren

Minzeblätter, zum Servieren (nach Belieben)

Vorbereiten: 10 Minuten
Grillen: 3–4 Minuten
Für: 4 Personen

1. Den gesäuberten und eingeölten Grill auf mittlere Temperatur vorheizen.
2. Die Brotscheiben von beiden Seiten mit Butter bestreichen.
3. Die Mangoscheiben mit Olivenöl bestreichen.
4. Die Brot- und Mangoscheiben auf den Grillrost legen und den Deckel schließen.
5. Die Brot- und Mangoscheiben von jeder Seite 1½–2 Minuten grillen, dabei achtgeben, dass sie nicht zu dunkel werden.
6. Zum Servieren Brot- und Mangoscheiben auf Teller verteilen, einen Klecks Schlagsahne dazugeben und das Ganze nach Belieben mit Minzeblättern garnieren.

# BEILAGEN

# NUDELSALAT

225 g Cornetti (Hörnchennudeln)

2 hart gekochte Eier

1 EL Branntweinessig

½ Karotte, grob gerieben

1–2 EL fein geriebene milde Zwiebel

1–2 Gläser Mayonnaise (à 240 ml)

Salz, frisch gemahlener schwarzer Pfeffer und getrocknete gemischte Kräuter

Paprikapulver

Petersilie, zum Garnieren

Vorbereiten: 6 Minuten
Zubereiten: 7–8 Minuten
Für: 4–6 Personen

**Tipp** Dieser klassische Nudelsalat enthält normalerweise reichlich Mayonnaise, und Geschmack und Konsistenz können sich je nach Marke stark unterscheiden. Falls Sie kein großer Fan von Mayonnaise sind, fangen Sie einfach mit einem Glas an und schauen Sie, wie Ihnen das Ergebnis gefällt.

Nudelsalat ist auf Hawaii ein beliebtes Mittagessen, und auch zu den meisten Potluck-Partys bringt jemand eine Schüssel davon mit. Die cremige Mayonnaise ist die perfekte Ergänzung zu salzigem, rauchigem, gegrilltem Fleisch. Der Salat kann in zahllosen Variationen zubereitet werden. Beginnen Sie mit dieser einfachen, klassischen Version aus *Kau Kau: Cuisine and Culture in the Hawaiian Islands*, und geben Sie ihm ruhig eine persönliche Note: ändern Sie die Nudelsorte, fügen Sie Erbsen, Kartoffeln oder Thunfisch hinzu – alles ist erlaubt. Auch die Mengenangaben können Sie Ihrem Geschmack anpassen.

1. Die Nudeln nach Packungsangabe garen und in einem Sieb abtropfen lassen. Traditionell ist die Pasta für diesen Salat eher auf der weichen Seite, aber Sie können die Nudeln auch al dente garen, wenn Sie das lieber mögen.
2. Die Eier halbieren und das Eigelb vom Eiweiß trennen. Das Eigelb zerdrücken und beiseitestellen. Das Eiweiß hacken und zusammen mit den Nudeln in eine große Schüssel geben.
3. Den Essig, die Karotte und die Zwiebel hinzufügen. Alles gut vermengen. Die Mayonnaise und das Eigelb hinzufügen und sorgfältig untermischen.
4. Den Salat mit Salz, Pfeffer und Kräutern abschmecken. Über Nacht im Kühlschrankschrank durchziehen lassen.
5. Vor dem Servieren mit Paprikapulver bestreuen und mit Petersilie garnieren.

# BLITZSCHNELLE GEBRATENE NUDELN

4 Portionen tiefgekühlte Saimin-Nudeln mit Suppen-Basis (à 127,5 g)

1 EL Wok-Öl (falls kein Frühstücksfleisch verwendet wird)

½ Dose Frühstücksfleisch (à 340 g), in 5 mm breite Streifen geschnitten (nach Belieben)

2 Stangen Sellerie, schräg in feine Streifen geschnitten, etwa 1,5 mm dick, 5 cm lang

¼ Maui- oder 'Ewa-Zwiebel (oder eine milde braune Zwiebel), in feine Streifen geschnitten, etwa 1,5 mm dick, 5 cm lang

½ Karotte, in feine Streifen geschnitten, etwa 1,5 mm dick, 5 cm lang

1 Spritzer Shoyu (japanische Sojasauce)

170 g Kamaboko (japanische Fischkuchen), in etwa 6 mm dicke Streifen geschnitten

4–5 Frühlingszwiebeln, fein gehackt

gehackter Koriander, zum Garnieren

Vorbereiten: 20 Minuten
Garen: 10 Minuten
Für: 4 Personen als Hauptgericht, für 8–10 als Beilage

Ein Rezept von Janet Sakamoto, der Mutter unserer Fotografin. Gebratene Nudeln sind hier sehr beliebt und passen perfekt zu Gegrilltem. Sie können hier jede Art von Gemüse verwenden, die Zutatenliste ist nur ein Vorschlag. Wok-Öl sorgt für ein herrliches Knoblauch-Ingwer-Aroma.

1. Die Nudeln unter fließendem heißem Wasser auftauen und vorsichtig schütteln, um sie zu trennen. Gut abtropfen lassen. Die Nudeln sollten locker sein, aber nicht weich, damit sie später nicht zerfallen.
2. Einen großen Wok (oder eine Pfanne mit hohem Rand) bei mittlerer bis hoher Temperatur erhitzen. Falls Sie kein Frühstücksfleisch verwenden, das Öl hineingeben.
3. Wenn der Wok heiß ist, das Frühstücksfleisch (falls verwendet) hineingeben und goldgelb anbraten.
4. Das Gemüse dazugeben und 1 Packung Suppenbasis. Rührbraten, bis die Zwiebeln glasig werden.
5. Die abgetropften Nudeln hinzufügen. Das Ganze mit 1–2 weiteren Packungen Suppenbasis würzen; sie ist ziemlich salzig, deshalb Vorsicht!
6. Einen Spritzer Sojasauce dazugeben – wer seine Nudeln gern salzig und dunkel mag, kann auch mehr nehmen. Wir sind mit Sojasauce hier eher sparsam.
7. Alles vorsichtig mischen, damit die Nudeln nicht zerdrückt werden. Am einfachsten geht das mit einer Küchenzange, mit der man die Nudeln anhebt und wieder fallen lässt.
8. Das Kamaboko und die Frühlingszwiebeln dazugeben und untermischen.
9. Zum Servieren in eine Schüssel füllen und mit Koriander bestreuen.

# FURIKAKE-PARTY-MIX

Diese Knabberei basiert auf einem Rezept aus *A Hundred Years of Island Cooking: a Collection of Recipes from Hawaiian Electric Company*.

60 g Butter

60 ml heller Maissirup

60 ml Pflanzenöl

50 g Zucker

1 EL Shoyu (japanische Sojasauce)

1 Packung Mais-Weizen-Zerealien (350 g)

Furikake

Vorbereiten: 15 Minuten
Rösten: 45 Minuten
Ergibt: 12 Portionen

1. Den Backofen auf 120 °C vorheizen. Ein Backblech mit Backpapier auslegen.
2. In einem kleinen Topf die Butter schmelzen.
3. Den Maissirup, das Pflanzenöl, den Zucker und die Sojasauce hinzufügen und rühren, bis sich der Zucker aufgelöst hat.
4. Die Zerealien auf dem vorbereiteten Blech verteilen und gleichmäßig mit dem Sirup übergießen. Mit Furikake bestreuen.
5. Im Ofen insgesamt 45 Minuten rösten, dabei alle 15 Minuten umrühren.
6. Nach dem Abkühlen in einem luftdicht schließenden Behälter aufbewahren.

# DRINKS

# GUAVENPUNSCH

240 ml Guavenpüree

150 g Zucker

180 ml Orangensaft

120 ml Ananassaft

60 ml Zitronensaft

480 ml kohlensäurehaltiges Mineralwasser

240 ml Rum (nach Belieben)

Ananasspalten, zum Garnieren (nach Belieben)

Orchideenblüten, zum Garnieren (nach Belieben)

Vorbereiten: 10 Minuten
Für: 6 Personen

Im Garten meiner Nachbarin gedeihen prachtvolle Guaven, die wir für das Guaven-Hähnchen in diesem Buch (siehe Seite 18) verwendet haben, und hier kam tiefgekühltes Guavenpüree zum Einsatz – frische Früchte sind für dieses belebende Getränk also nicht unbedingt erforderlich. Das Rezept stammt ursprünglich aus *Fruits of Hawaii* von Carey D. Miller, Katherine Bazore und Mary Bartow.

1. Das Guavenpüree in einen großen Krug geben und mit 720 ml Wasser verrühren. Die übrigen Zutaten – mit Ausnahme der Garnitur – hinzufügen und alles gut verrühren.
2. Das Getränk mit Eiswürfeln servieren. Wer mag, kann an jedes Glas eine Ananasspalte und eine Orchideenblüte stecken.

# PLANTAGEN-EISTEE

1,5 l schwarzer Tee

1 Bio-Zitrone, in Scheiben geschnitten (nach Belieben)

960 ml Ananassaft

Minzeblätter (nach Belieben)

Orchideenblüten (nach Belieben)

Vorbereiten: 10 Minuten
Grillen: 2 Minuten
Für: 6 Personen

Freuen Sie sich auf eine Mischung aus mild und süß und einem dramatischen Farbkontrast in Ihrem Glas. Die Zitrone entwickelt beim Grillen etwas Süße und sorgt zudem für eine überraschende rauchige Dimension.

1. Den schwarzen Tee abkühlen lassen.
2. Die Zitronenscheiben von jeder Seite 1 Minute grillen, bis Grillstreifen zu sehen sind.
3. Den Tee und den Ananassaft in einen großen Krug gießen. Die gegrillten Zitronenscheiben dazugeben.
4. Den Eistee gut gekühlt servieren; wer mag, gibt frische Minzeblätter dazu und garniert das Glas mit einer Orchideenblüte.

# SALATE

# SALAT MIT GEGRILLTEM BROT

180 ml Olivenöl

2 EL Balsamico-Essig

1 Ciabatta oder Baguette, in 2,5 cm dicke Scheiben geschnitten

200 g Kirschtomaten

'Alea-Salz (rotes Hawaii-Salz; oder grobes Meersalz)

1 portugiesische Bratwurst (oder Chorizo; nach Belieben)

1 Beutel Salatmix (400 g)

½ rote Zwiebel, in Streifen geschnitten

Grillspieße (Holzspieße vor dem Gebrauch 30 Minuten wässern)

Vorbereiten: 10 Minuten
Grillen: 20 Minuten
Für: 4 Personen

Die Küche der Inseln ist stark von der bäuerlichen Kultur beeinflusst, und die Menschen haben gelernt, alles zu verwerten, auch Reste, um eine Mahlzeiten herzustellen. Für dieses Rezept eignet sich altbackenes Brot sehr gut. Geröstet verleiht es dem Salat zusätzlichen Biss und Geschmack.

1. Den gesäuberten und eingeölten Grill auf hohe Temperatur vorheizen.
2. In einer kleinen Schüssel 60 ml Olivenöl mit dem Balsamico verquirlen. Beiseitestellen.
3. Die Brotscheiben von beiden Seiten mit Olivenöl bestreichen.
4. Die Kirschtomaten auf Spieße stecken. Mit Olivenöl bestreichen und mit dem Salz bestreuen.
5. Die Wurst auf den Grillrost legen und 1–2 Minuten bräunen. Dann bei mittlerer Hitze 10–15 Minuten grillen.
6. Nach 10 Minuten die Kirschtomaten und die Brotscheiben mit auf den Rost legen. Das Brot nach 30 Sekunden wenden, die Tomaten nach 2–3 Minuten.
7. Tomaten, Brot und Wurst vom Grill nehmen.
8. Die Brotscheiben würfeln.
9. Die Salatblätter und die Zwiebel in eine Schüssel geben und mit dem Dressing durchheben. Wurstscheiben, Brotwürfel und gegrillte Tomaten untermischen.

# GEGRILLTER ROMANASALAT MIT FRISCHER MANGO

Warmer Salat tut gut. Die Vorstellung, welke Blätter zu essen, mag zunächst seltsam erscheinen, aber mit Öl und Salz schmeckt das richtig gut. Versprochen.

4 Romanasalatherzen, Spitzen und Wurzelansatz eingekürzt

80 ml Olivenöl

2 EL 'Alea-Salz (rotes Hawaii-Salz; oder grobes Meersalz)

2 Mangos, in dünne Scheiben geschnitten

1 EL Balsamico-Essig

Vorbereiten: 5 Minuten
Grillen: 6 Minuten
Für: 4 Personen

1. Den gesäuberten und eingeölten Grill auf geringe bis mittlere Temperatur vorheizen.
2. Die Salatherzen rundherum mit Olivenöl einpinseln und mit ½ EL Salz bestreuen.
3. Auf dem Grill von jeder Seite 3 Minuten garen.
4. Die Salatherzen in Streifen schneiden. Mit den Mangoscheiben auf einer Platte anrichten, mit dem restlichen Salz bestreuen und mit dem Balsamico beträufeln.

# CHINESISCHER GURKENSALAT

1 EL Reisessig

2 TL salzreduzierte Shoyu (japanische Sojasauce)

½ TL Zucker

½ EL Sesamöl

½ TL–½ EL Chili-Öl

3 Knoblauchzehen, gehackt

1 Salatgurke, streifig geschält, halbiert, entkernt und in 8–10 cm lange Stücke geschnitten

1 rote Chilischote, in dünne Ringe geschnitten

schwarze Sesamsamen (nach Belieben)

Salz

Vorbereiten: 5 Minuten
Für: 2–4 Personen

In 5 Minuten steht dieser Salat auf dem Tisch, eine erfrischende Beilage zu allen gegrillten Speisen. Die Schärfe können Sie ganz nach Wunsch dosieren. Für das Rezept hat Elaines Chinesischer Gurkensalat Pate gestanden, gefunden auf ihrer Website ChinaSichuanFood.com.

1. Den Reisessig in einer mittelgroßen Schüssel mit der Sojasauce, dem Zucker, dem Sesamöl, dem Chili-Öl und dem Knoblauch zu einem Dressing verrühren.
2. Die Gurkenstücke auf Küchenpapier legen. Es nimmt die Feuchtigkeit auf und sorgt dafür, dass die Stücke beim nächsten Arbeitsschritt nicht wegrutschen.
3. Die Gurkenstücke flach drücken; dazu die Klinge eines großen Messers flach darauflegen und mit dem Handballen andrücken.
4. Die Gurkenstücke würfeln.
5. Die Gurke mit dem Dressing mischen. Die Chiliringe dazugeben, den Salat nach Belieben mit schwarzem Sesam und einer Prise Salz bestreuen.

# ‘ULU- UND ‘UALA-SALAT

Dieser Salat basiert auf einem Rezept von CookingHawaiian-Style.com. Wer *‘ulu,* die Brotfrucht, nicht bekommt, kann statt dessen Jackfrucht oder Taro verwenden. Und wenn es das alles nicht gibt, können Sie ihn auch nur mit Süßkartoffeln, *‘uala,* machen und einfach die Menge verdoppeln.

½ Brotfrucht, geschält und in Scheiben geschnitten

450 g gegarte Süßkartoffeln, geschält und in 2,5 cm große Würfel geschnitten

2 EL gehackter Koriander

Saft von 1 Limette

1 EL geriebener Ingwer

Salz und frisch gemahlener schwarzer Pfeffer

60 ml Coconut Cream (dicke Kokosmilch)

1 Frühlingszwiebel, in feine Streifen geschnitten und in Eiswasser gelegt (nach Belieben)

Vorbereiten: 15 Minuten
Grillen: 6 Minuten
Für: 4 Personen

1. Den gesäuberten und eingeölten Grill auf geringe bis mittlere Temperatur vorheizen.
2. Die Brotfruchtscheiben auf den Rost legen und von jeder Seite 3 Minuten grillen. Herunternehmen und würfeln.
3. Die Brotfruchtstücke mit den Süßkartoffeln in eine große Schüssel geben. Den größten Teil des Korianders, den Limettensaft, den Ingwer, Salz und Pfeffer nach Geschmack sowie die Coconut Cream hinzufügen und alles gut durchmischen.
4. Vor dem Servieren mit dem restlichen Koriander und der Frühlingszwiebel bestreuen.

# REGISTER

# LITERATUR

*Fruits of Hawaii*, von Carey D. Miller, Katherine Bazore und Mary Bartow
Das Buch ist 1965 bei der University of Hawai'i Press erschienen. Es behandelt die auf Hawaii vorkommenden Früchte aus historischer Sicht und beschreibt ihre kulinarischen Vorzüge. Illustrationen zeigen detailliert, wie man eine Ananas aufschneidet, und der Text erklärt genau, wie man die besten Früchte auswählt, damit man im Supermarkt nicht raten muss. Das Kapitel über die Kokosnuss enthält Rezepte für Hühner- und Garnelencurrys und geht damit über das Hauptaugenmerk des Buches auf die Früchte hinaus. Das Buch ist derzeit vergriffen, aber antiquarisch kann man es noch finden.

*Good Housekeeping Ultimate Grilling Cookbook: 250 Sizzling Recipes*, von Susan Westmoreland
Diese umfassende Publikation zum Thema Grillen ist 2018 erschienen und eignet sich sowohl für Anfänger wie auch für den erfahrenen Profi, der ein neues Rezept sucht. Das Buch enthält 250 leckere Grillrezepte mit wertvollen Tipps, wie sie schon die Großmutter kannte, etwa wie man Ingwer schält, ohne etwas zu verschwenden.

*Hari Kojima's Local-Style Favorites*, von Hari Kojima
Hari Kojima war Moderator der Fernsehserie *Let's Go Fishing*, die auf Hawaii Generationen von Zuschauern gezeigt hat, wie man Fisch fängt, zerteilt und zubereitet. Es ist 1987 erschienen und vergriffen, aber man findet es antiquarisch. Hier auf O'ahu zirkuliert mindestens ein Exemplar aus den Beständen der Bibliothek und Dutzende aus privaten Haushalten.

*The Hawai'i Tailgate Cookbook: Grilling Recipes from Top Island Chefs*, von Jo McGarry
Die Rezepte wurde speziell für das Tailgating am Aloha Stadium entwickelt – die Grillpartys aus dem Kofferraum vor oder nach dem Spiel. Einige der führenden Köche von Hawaii, darunter Roy Yamaguchi, Alan Wong, Russel Siu und Colin Nishida, haben ihre besten Grillrezepte beigesteuert. Das Buch ist 2004 erschienen.

*How to Grill Everything: Simple Recipes for Great Flame-Cooked Food*, von Mark Bittman
Wer gern grillt, kommt an Mark Bittmans Buch von 2018 nicht vorbei. Er weiß, wie man wirklich alles grillt und hat dazu etwa 1000 Rezepte gesammelt.

*A Hundred Years of Island Cooking: A Collection of Recipes from Hawaiian Electric Company*, herausgegeben von Pat Rea und Regina Ting
Das 1991 erschienene Buch ist vergriffen, aber wenn Sie irgendwo ein gebrauchtes Exemplar auftreiben, greifen Sie zu. Es ist wirklich ein Schatz.

*Island Flavors: Favorite Recipes of the Historic Hawai'i Foundation*
Ebenfalls eine Perle ist diese Publikation aus dem Jahr 1996. Man findet es antiquarisch oder in Bibliotheken.

*Kau Kau: Cuisine and Culture in the Hawaiian Islands*, von Arnold Hiura
Dieses Buch erzählt die kulinarische Geschichte der Inseln. 2020, zehn Jahre nach dem ersten Erscheinen, kam eine wunderschöne Neuauflage auf den Markt. Mit vielen, auch historischen Fotografien, die bis ins letzte Jahrhundert zurückreichen, und den Rezepten, für die Hawaii bekannt ist.

*Let's Go Fishing Cookbook: Favorite Seafood Recipes from the Islands of Hawai'i and Beyond*, von Ben Wong
Im Jahr 2011 erschienen und nur noch antiquarisch zu finden; eine einmalige Sammlung von Rezepten für Fisch und Meeresfrüchte.

*Pidgin to Da Max*, von Douglas Simonson (PEPPO), in Zusammenarbeit mit Ken Sakata und Pat Sasaki
Mein Vater kaufte dieses illustrierte Pidgin-Wörterbuch, als es 1981 herauskam, und ich schaute mir jeden einzelnen Cartoon an. Die kreolische Sprache, wie sie im hawaiianischen Schmelztiegel der Kulturen entstanden ist, wird humorvoll und kenntnisreich beschrieben. Wenn Sie nicht sicher sind, was jemand in Pidgin sagt – dieses Buch hilft Ihnen weiter.

*Pupus to Da Max*, von Pat Sasaki, Douglas Simonson und Ken Sakata
Erschienen 1986 bei Bess Press, wo auch *Pidgin to Da Max* herausgekommen ist, und nach eigenem Bekunden der »umfassende illustrierte Leitfaden für das Essen auf Hawaii«. Es ist ein Wörterbuch und ein Rezeptbuch in einem, sodass Sie Loco Moco, Haupia und sogar Malasadas zu Hause zubereiten können.

# DANKE

… oder *mahalo*, wie es bei uns heißt. Zuallererst danke ich meinem Man, Dan Lowrie, der mir gezeigt hat, wie man einen Grill anzündet, und das nicht nur einmal. Ein großes *mahalo* geht an unsere *keiki*, Bea und Ian, die selbst dann die Geduld nicht verloren haben, als ich vor ihren Zimmern gegrillt und den Kühlschrank mit mariniertem Fleisch vollgestopft habe, sodass die Käsestangen kaum noch zu finden waren.

*Meiner Mutter*, Lily Robillard, danke ich dafür, dass sie mich immer enthusiastisch unterstützt hat. »Wenn es nichts wird, hast du danach auf jeden Fall ein paar neue Rezepte«, hat sie gesagt. Und ich danke all den lieben Menschen um mich herum, meiner erweiterten *'ohana*, die davon überzeugt waren, dass ich dieses Projekt durchziehen kann.

Meiner Großmutter, Dora Gin, danke ich für die vielen bewährten Rezepte, die sie mir überlassen hat. Von ihr stammt auch das Zwiebel-Speck-Topping für Hotdogs in diesem Buch. Sie hat mir beigebracht, dass die besten Dinge oft die einfachsten sind, und wenn etwas nicht auf Anhieb klappt, muss man es eben noch einmal versuchen.

Ein *mahalo* geht an alle Freunde und Familienmitglieder hier auf den Inseln und auf dem Festland, die mir Rezepte und Kochbücher überlassen haben und viele Tipps gaben. Ich danke Monica Toguchi Ryan und Highway Inn, die mir Geschirr und Töpfe geliehen haben, sowie Masa Hawai‘i für die Lieferung frisch gebackener Tortillas.

Ein Dankeschön geht an die Hawai‘i State Public Library, insbesondere die Filiale in Kailua. Ich danke auch Morning Brew in Kailua, wo der größte Teil dieses Buchs konzipiert und geschrieben wurde, wo die Klimaanlage mich fokussiert hielt und ich mit Cheryl Resor Gespräche aus wenigen Sätzen führte.

Wenn Traci Morinaga mich nicht mit Dawn Sakamoto Paiva bekannt gemacht hätte, wäre dieses Buch nicht so schön geworden (oder es würde gar nicht existieren). Vielen Dank Dawn, dass du dich auf die Zusammenarbeit eingelassen hast. Und ein *mahalo* geht auch an Derek, Dawns Ehemann, einem wichtigen Testesser und eine Stimme der Vernunft, wenn wir nach stundenlangem Grillen nicht mehr wussten, ob es wirklich eine gute Idee ist, Teriyaki-Sauce auf gegrillten Salat zu träufeln.

Ebenso danke ich Tess Bevernage und Thomas Robillard, meinem Bruder, die gemeinsam die Firma Hānai Family Table betreiben und mit großer Begeisterung Menschen bei gutem Essen zusammenbringen. Sie haben mir ihre köstlichen Teriyaki-Rezepte überlassen. Meinem Bruder Terry danke ich für seine Unterstützung und die nicht nachlassende Begeisterung für Teriyaki-Hähnchen. Er hat mir in den 80er- und 90er-Jahren auf zahllosen Flügen zwischen Hawaii und Kalifornien Gesellschaft geleistet.

Um ein Kochbuch zu schreiben, braucht man ein ganzes Dorf. Peggy und Keith Zeilinger teilten einen ganzen Lachs mit mir, den der Freund eines Freundes von einem Angelausflug aus Alaska mitgebracht hatte. Die Zeilingers haben außerdem mit Brotfrüchten, Bananen und dem ein oder anderen Glas Wein und Bier zur Entstehung dieses Buches beigetragen. Ein Dankeschön geht ferner an unsere Nachbarin Betty Donaldson, die uns mit frischen Guaven aus ihrem Garten und Guavenpüree versorgt hat und mir das Buch *Fruits of Hawaii* gezeigt hat. Ich danke ferner Jackie Boland und Heidi Picker: Sie haben mir all die wunderbaren Platten geliehen, ihre Begeisterung zum Ausdruck gebracht und zusammen mit ihren Familien viele Rezepte für dieses Buch getestet.

Und nicht zuletzt geht ein großes *mahalo* an alle Menschen auf Hawaii, die etwas kochen, um sich mit ihren Freunden oder der Familie zu treffen, Menschen zusammenzubringen und Gelegenheiten zu schaffen, um miteinander zu reden, damit in dieser Welt eine Gemeinschaft entsteht.

# ÜBER DIE AUTORIN

Adrienne Robillard ist Schriftstellerin und Dozentin für Englisch im Early College Program des Windward Community College in Kāneʻohe, Hawaii. Aufgewachsen in Kailua auf Hawaii und im kalifornischen Fresno, arbeitete sie nach dem College tagsüber in San Francisco als Technik-Redakteurin und war nachts Frontfrau einer Indie-Rock-Band, die in den USA als Vorgruppe für The Decemberists und Arcade Fire auftrat und in Europa Happenings in entweihten Kirchen und Underground-Clubs inszenierte.

Mit ihrem Mann und den beiden Kindern lebt sie in Kailua auf Oʻahu. Sie ist Mitglied des Hawaiian Islands Chapter of the Society of Children's Book Writers and Illustrators und schreibt für *Hawaii Business*. Ihre Kurzgeschichte »24-Hour Grocery« erschien in San Francisco im Magazin *Spunk*, bevor das Internet explodierte. Im Sommer 2017 nahm sie am Tin House Summer Workshop für einen Roman *in progress* teil. Ihr Essay »Try Wait« erschien im März 2018 in der amerikanischen Ausgabe von *We'll Never Have Paris*.

# ÜBER DIE FOTOGRAFIN

Dawn Sakamoto Paiva blickt auf 20 Jahre Erfahrung in der Buch- und Zeitschriftenproduktion zurück. Sie interessiert sich sehr für Essen und Trinken und hat auf Hawaii an zahlreichen preisgekrönten Kochbüchern mit prominenten Küchenchefs mitgewirkt. Im Jahr 2014 gründete sie ihr eigenes Unternehmen, Put It On My Plate, das Dienstleistungen in den Bereichen Kommunikation, Marketing und Events, Fotografie und Text anbietet und sich auf die Zusammenarbeit mit Köchen, Restaurants, Bars und anderen Unternehmen der Lebensmittelbranche spezialisiert hat.

Geboren und aufgewachsen auf Oʻahu, Hawaii, hat sie die ʻIolani High School absolviert und am Kenyon College in Ohio Englisch studiert. Sie ist Mitglied von Les Dames d'Escoffier, Hawaiʻi Chapter, und betreibt den Blog *Sugar + Shake*, wo sie (ab und zu!) über ihre Abenteuer beim Essen, Trinken und manchmal auch auf Reisen schreibt.